Inhalt

Wörterliste 2

Methoden

Kooperative Lernformen 12
Sprechen und Zuhören/Über Lernen sprechen 14
Texte verfassen 15
Richtig schreiben 19

Das kann ich jetzt

Ich allein und wir zusammen 21
Wortsalat und Sprachenmix 23
Lesemops und Bücherwurm 25
Familienband und Gefühlskarussel 27
Medienspaß und Technikwunder 29
Abenteuerlust und Heldentat 31
Dickhäuter und Plagegeister 33
Traumzeit und Zeitreisen 35

Fachbegriffe 37

Wörterliste

A

der **A**a**l**, die **A**a**l**e
das **A**benteue**r**, die **A**benteue**r**
  a**b**en**t**eue**r**lich
  a**b**s**t**eigen, sie steigt ab,
  sie stieg ab, sie ist abgestiegen
der **A**d**v**ent
die **A**mei**s**e, die **A**meisen
  ängstlich
der **A**p**f**el, die **Ä**p**f**el
die **A**p**f**elsine, die **A**pfelsinen
der **A**rm, die **A**rme
das **A**u**to**, die **A**u**to**s

B

das **B**a**b**y, die **B**a**b**ys
das **B**äch**l**ein, die **B**äch**l**ein
der **B**a**ll**, die **B**ä**ll**e
das **B**an**d**, die **B**än**d**er
die **B**an**k**, die **B**än**k**e
der **B**ä**r**, die **B**ä**r**en
der **B**au
  bau**en**, er baut, er bau**te**,
  er hat ge**b**au**t**
der **B**au**m**, die **B**äu**m**e
die **B**ee**r**e, die **B**ee**r**en
sich be**f**inden, es be**f**indet sich,
  es be**f**and sich,
  es hat sich be**f**unden
  be**g**rüßen, sie be**g**rüßt,
  sie be**g**rüßte, sie hat be**g**rüßt
das **B**ein, die **B**eine
  bei**ß**en, es beißt, es biss,
  es hat ge**b**issen

  be**k**o**mm**en, er be**k**o**mm**t,
  er be**k**am, er hat be**k**o**mm**en
  be**ll**en, er bellt, er bell**te**,
  er hat ge**b**ell**t**
das **B**en**z**in
der **B**e**r**g, die **B**er**g**e
  be**sch**ließ**t**, sie be**sch**ließ**t**,
  sie hat be**sch**los**s**en
  be**st**i**mm**en, er be**st**i**mm**t,
  er be**st**i**mm**te, er hat be**st**i**mm**t
  be**s**uchen, sie be**s**ucht,
  sie be**s**uchte, sie hat be**s**ucht
der **B**e**tr**ie**b**, die **B**e**tr**ie**b**e
das **B**e**tt**, die **B**e**tt**en
  be**v**or
das **B**i**ath**lon
  bin**d**en, er bin**d**et, er band,
  er hat ge**b**un**d**en
  bleiben, sie bleibt, sie blieb,
  sie ist ge**b**lieben
das **B**la**tt**, die **B**lä**tt**er
der **B**lei**st**ift, die **B**lei**st**ifte
  blind
der **B**lit**z**, die **B**lit**z**e
die **B**oh**n**e, die **B**oh**n**en
das **B**oo**t**, die **B**oo**t**e
die **B**ox, die **B**oxen
  boxen, er boxt, er box**te**,
  er hat ge**b**oxt
der **B**ran**d**, die **B**rän**d**e
das **B**re**tt**, die **B**re**tt**er
  b**r**ingen, er bringt, er brach**te**,
  er hat ge**b**rach**t**
  brü**ll**en, es brüllt, es brüll**te**,
  es hat ge**b**rüll**t**
das **B**uch, die **B**ücher

2 Wörterliste Rechtschreibhilfen verwenden: mit der Wörterliste arbeiten

	bunt
der	**Bunt**stift, die **Bunt**stifte
die	**Burg**, die **Bur**gen

C

das	**Chao**s
der	**Com**puter, die **Com**puter

D

davon
der	**Del**fin, die **Del**fine
	denken, sie denkt, sie dachte, sie hat gedacht
der	**Die**b, die **Die**be
die	**Do**se, die **Do**sen
	drau**ß**en
	dumm
	dünn
	dur**s**tig

E

	ehrlich
die	**Ein**samkeit
das	**Ei**s
der	**E**lefant, die **E**lefanten
das	**En**de, die **En**den
die	**En**te, die **En**ten
	er**schei**nen, es er**schei**nt, es er**schie**n, es ist er**schie**nen
	e**ss**en, sie isst, sie aß, sie hat ge**g**e**ss**en

F

die	**Fä**hig**kei**t, die **Fä**hig**kei**ten
die	**Fah**ne, die **Fah**nen
	fahren, er fährt, er fuhr, er ist ge**fah**ren
	fa**ll**en, sie fällt, sie fiel, sie ist ge**fall**en
die	**Far**be, die **Far**ben
die	**Fe**der, die **Fe**dern
die	**Fee**, die **Fee**n
das	**Fell**, die **Fell**e
das	**Fens**ter, die **Fens**ter
die	**Fe**rien
	fett
das	**Feu**er, die **Feu**er
	finden, er fin**d**et, er fand, er hat ge**fun**den
	flei**ß**ig
	flie**ß**en, es flieβt, es floss, es ist ge**floss**en
das	**Flo**ß, die **Flö**ße
der	**Flug**, die **Flü**ge
das	**Flug**zeug, die **Flug**zeuge
der	**Fluss**, die **Flüss**e
das	**Foh**len, die **Foh**len
	fragen, er fragt, er fragte, er hat ge**frag**t
	fremd
	fröhlich
der	**Fu**ß, die **Fü**ße
	fü**tt**ern, sie füttert, sie fü**tt**erte, sie hat ge**füt**tert

G

die **Gans**, die Gänse
die **Gasse**, die Gassen
geben, es gibt, es gab,
es hat gegeben
gefährlich
das **Geheimnis**, die Geheimnisse
gehen, sie geht, sie ging,
sie ist gegangen
die **Gelassenheit**
gelb
der **Geschmack**, die Geschmäcker
die **Gesundheit**
gießen, er gießt, er goss,
er hat gegossen
giftig
glatt
glücklich
graben, er gräbt, er grub
er hat gegraben
das **Gras**, die Gräser
greifen, er greift, er griff,
er hat gegriffen
der **Griff**, die Griffe
groß
grübeln, sie grübelt,
sie grübelte, sie hat gegrübelt
die **Gruppe**, die Gruppen
grüßen, er grüßt,
er grüßte, er hat gegrüßt

H

das **Haar**, die Haare
haben, er hat, er hatte,
er hat gehabt
der **Hahn**, die Hähne
der **Hai**, die Haie
die **Hand**, die Hände
der **Hase**, die Hasen
das **Haus**, die Häuser
heben, sie hebt, sie hob,
sie hat gehoben
heißen, er heißt, er hieß,
er hat geheißen
die **Heiterkeit**
helfen, sie hilft, sie half,
sie hat geholfen
hell
herrlich
herzlich
das **Hobby**, die Hobbys
die **Höhle**, die Höhlen
holen, er holt, er holte,
er hat geholt
hören, sie hört, sie hörte,
sie hat gehört
die **Hose**, die Hosen
das **Huhn**, die Hühner
hupen, es hupt, es hupte,
es hat gehupt
hüpfen, sie hüpft, sie hüpfte,
sie ist gehüpft
der **Hut**, die Hüte
die **Hymne**, die Hymnen

I

ihm
ihn
ihnen
ihr
ihren

J

- die **Jacke,** die Jacken
- **jagen,** er jagt, er jagte, er hat gejagt
- die **Jeans**
- der **Jux**

K

- das **Kalb,** die Kälber
- der **Kaiser,** die Kaiser
- der **Kamm,** die Kämme
- die **Kammer,** die Kammern
- der **Kasten,** die Kästen
- die **Katze,** die Katzen
- **kaufen,** er kauft, er kaufte, er hat gekauft
- der **Keks,** die Kekse
- **kennen,** sie kennt, sie kannte, sie hat gekannt
- die **Kerze,** die Kerzen
- die **Kette,** die Ketten
- das **Kind,** die Kinder
- **kindlich**
- **kippen,** es kippt, es kippte, es ist gekippt
- die **Kiwi,** die Kiwis
- die **Klammer,** die Klammern
- **klappen,** es klappt, es klappte, es hat geklappt
- **klar**
- **kleben,** es klebt, es klebte, es hat geklebt
- der **Kleber,** die Kleber
- der **Klee**
- **klein**
- **klemmen,** es klemmt, es klemmte, es hat geklemmt
- die **Klette,** die Kletten
- **klettern,** er klettert, er kletterte, er ist geklettert
- die **Klingel,** die Klingeln
- **klingeln,** sie klingelt, sie klingelte, sie hat geklingelt
- der **Kloß,** die Klöße
- **knallen,** es knallt, es knallte, es hat geknallt
- **kommen,** er kommt, er kam, er ist gekommen
- der **König,** die Könige
- **können,** sie kann, sie konnte, sie hat gekonnt
- der **Korb,** die Körbe
- **kräftig**
- der **Kran,** die Kräne
- **krank**
- die **Krankheit,** die Krankheiten
- **kratzen,** sie kratzt, sie kratzte, sie hat gekratzt
- der **Kreis,** die Kreise
- das **Krokodil,** die Krokodile
- der **Kuchen,** die Kuchen
- die **Kugel,** die Kugeln
- **kühlen,** sie kühlt, sie kühlte, sie hat gekühlt
- der **Kurs,** die Kurse
- der **Kuss,** die Küsse

L

lachen, er lacht, er lachte,
er hat gelacht
der Laib, die Laibe
der Laich
der Laie, die Laien
das Land, die Länder
der Lappen, die Lappen
lassen, er lässt, er ließ,
er hat gelassen
laufen, sie läuft, sie lief,
sie ist gelaufen
die Lawine, die Lawinen
leben, er lebt, er lebte,
er hat gelebt
legen, sie legt, sie legte,
sie hat gelegt
der Lehrer, die Lehrer
die Lehrerin, die Lehrerinnen
leicht
leise
die Leiter, die Leitern
lesen, sie liest, sie las,
sie hat gelesen
das Lexikon
lieb
lieben, sie liebt, sie liebte,
sie hat geliebt
liegen, er liegt, er lag,
er hat gelegen
die Liste, die Listen
lösen, sie löst, sie löste,
sie hat gelöst
lustig

M

der Mai
der Mais
die Mandarine, die Mandarinen
der Mann, die Männer
die Margarine
die Maschine, die Maschinen
die Matte, die Matten
die Maus, die Mäuse
die Medizin
das Mehl, die Mehle
meinen, er meint, er meinte,
er hat gemeint
das Messer, die Messer
das Mikado
der Mixer
das Moos, die Moose
mutig

N

die Nacht, die Nächte
nähen, sie näht, nähte,
sie hat genäht
die Nase, die Nasen
nass
nehmen, er nimmt, er nahm,
er hat genommen
die Nektarine, die Nektarinen
nennen, sie nennt,
sie nannte, sie hat genannt
nett
der November
die Nuss, die Nüsse

O

öffnen, sie öffnet,
sie öffnete, sie hat geöffnet

P

packen, er packt,
er packte, er hat gepackt
das Paket, die Pakete
der Papagei, die Papageien
das Papier, die Papiere
der Papyrus
der Pelikan, die Pelikane
das Pferd, die Pferde
pflegen, sie pflegt,
sie pflegte, sie hat gepflegt
die Pfütze, die Pfützen
der Pharao
der Pinguin, die Pinguine
der Pinsel, die Pinsel
planen, er plant, er plante,
er hat geplant
die Platte, die Platten
das Pony, die Ponys
der Pool
die Praline, die Pralinen
der Pullover, die Pullover
putzen, sie putzt, sie putzte,
sie hat geputzt
die Pyramide, die Pyramiden

Qu

quaken, er quakt, er quakte,
er hat gequakt
die Qualle, die Quallen
der Qualm
der Quark
das Quartett, die Quartette
die Quelle, die Quellen
quieken, es quiekt,
es quiekte, es hat gequiekt

R

das Rad, die Räder
rasen, er rast, er raste,
er ist gerast
rauben, er raubt, er raubte,
er hat geraubt
der Räuber, die Räuber
der Raum, die Räume
reiben, sie reibt, sie rieb,
sie hat gerieben
reichen, es reicht, es reichte,
es hat gereicht
reisen, sie reist, sie reiste,
sie ist gereist
reißen, es reißt, es riss,
es ist gerissen
reiten, er reitet, er ritt,
er ist geritten
rennen, sie rennt,
sie rannte, sie ist gerannt
der Riese, die Riesen
riechen, es riecht, es roch,
es hat gerochen
das Riff, die Riffe
rollen, es rollt, es rollte
es ist gerollt
die Rosine, die Rosinen
rot

rufen, er ruft, er rief,
er hat gerufen
die Ruine, die Ruinen
rund
rutschen, sie rutscht,
sie rutschte, sie ist gerutscht

S

der Saal, die Säle
der Saft, die Säfte
die Säge, die Sägen
sagen, er sagt, er sagte,
er hat gesagt
die Sahne
die Saite, die Saiten
der Salat, die Salate
satteln, er sattelt, er sattelte,
er hat gesattelt
sauber
sausen, sie saust,
sie sauste, sie ist gesaust
schaffen, er schafft,
er schaffte, er hat geschafft
der Schaum
schäumen, es schäumt,
es schäumte,
es hat geschäumt
die Schere, die Scheren
schlafen, sie schläft,
sie schlief, sie hat geschlafen
schließen, er schließt,
er schloss,
er hat geschlossen
das Schloss, die Schlösser

schmollen, sie schmollt,
sie schmollte,
sie hat geschmollt
schmutzig
schnell
schnitzen, er schnitzt,
er schnitzte, er hat geschnitzt
die Schorle, die Schorlen
schön
der Schrank, die Schränke
schreiben, sie schreibt,
sie schrieb,
sie hat geschrieben
schubsen, er schubst,
er schubste, er hat geschubst
der Schuh, die Schuhe
schütten, es schüttet,
es schüttete, es hat geschüttet
schützen, er schützt,
er schützte, er hat geschützt
schwimmen, sie schwimmt,
sie schwamm,
sie ist geschwommen
der See, die Seen
sehen, er sieht, er sah,
er hat gesehen
sein, er ist, er war,
er ist gewesen
der Shake, die Shakes
der Sheriff, die Sheriffs
die Shorts
die Sicherheit, die Sicherheiten
das Sieb, die Siebe
die Silbe, die Silben
sitzen, sie sitzt, sie saß,
sie hat gesessen

das	Skelett, die Skelette		der	Stein, die Steine
der	Sohn, die Söhne			steinig

das **Skelett**, die Skelette
der **Sohn**, die Söhne
sollen, er soll, er sollte, er hat gesollt
der **Sommer**, die Sommer
sparen, er spart, er sparte, er hat gespart
der **Spaß**, die Späße
spicken, er spickt, er spickte, er hat gespickt
der **Spiegel**, die Spiegel
spielen, sie spielt, sie spielte, sie hat gespielt
der **Spieler**, die Spieler
der **Spieß**, die Spieße
sportlich
sprechen, er spricht, er sprach, er hat gesprochen
springen, sie springt, sie sprang, sie ist gesprungen
spülen, er spült, er spülte, er hat gespült
spüren, sie spürt, sie spürte, sie hat gespürt
der **Stab**, die Stäbe
stark
starren, er starrt, er starrte, er hat gestarrt
stechen, es sticht, es stach, es hat gestochen
stehen, er steht, er stand, er hat gestanden
steigen, sie steigt, sie stieg, sie ist gestiegen

der **Stein**, die Steine
steinig
stellen, sie stellt, sie stellte, sie hat gestellt
sterben, er stirbt, er starb, er ist gestorben
der **Stiefel**, die Stiefel
der **Stift**, die Stifte
der **Stoff**, die Stoffe
stolpern, sie stolpert, sie stolperte, sie ist gestolpert
stoppen, er stoppt, er stoppte, er hat gestoppt
stoßen, sie stößt, sie stieß, sie hat gestoßen
der **Strand**, die Strände
die **Straße**, die Straßen
der **Strauch**, die Sträucher
streicheln, er streichelt, er streichelte, er hat gestreichelt
stricken, sie strickt, sie strickte, sie hat gestrickt
der **Stuhl**, die Stühle
stumm
die **Suppe**, die Suppen
süß
das **Symbol**, die Symbole
das **System**, die Systeme

T

der **Tag**, die Tage
täglich
die **Tanne**, die Tannen

die	Tante, die Tanten		die	Überraschung, die Überraschungen
die	Tasche, die Taschen		die	Übung, die Übungen
die	Tasse, die Tassen		die	Uhr, die Uhren
	tauchen, er taucht, er tauchte, er ist getaucht			umwerfen, er wirft um, er warf um, er hat umgeworfen
der	Taucher, die Taucher		die	Unsicherheit, die Unsicherheiten

- das Taxi, die Taxis
- der Text, die Texte
- tief
- der Tiger, die Tiger
- tippen, er tippt, er tippte, er hat getippt
- der Tisch, die Tische
- das Tor, die Tore
- tragen, sie trägt, sie trug, sie hat getragen
- das Trampolin, die Trampoline
- die Träne, die Tränen
- der Traum, die Träume
- die Traurigkeit
- trennen, er trennt, er trennte, er hat getrennt
- trinken, sie trinkt, sie trank, sie hat getrunken
- die Trommel, die Trommeln
- tropfen, es tropft, es tropfte, es hat getropft
- das Tuch, die Tücher
- die Tür, die Türen

U

- üben, er übt, er übte, er hat geübt
- überlegen, er überlegt, er überlegte, er hat überlegt

V

- Valentin
- Vanessa
- die Vase, die Vasen
- verkaufen, sie verkauft, sie verkaufte, sie hat verkauft
- verlesen, sie verliest sich, sie verlas sich, sie hat sich verlesen
- Veronika
- verstehen, er versteht, er verstand, er hat verstanden
- versuchen, er versucht, er versuchte, er hat versucht
- vertragen, sie verträgt sich, sie vertrug sich, sie hat sich vertragen
- Viktor
- Viktoria
- die Violine, die Violinen
- Vitali
- das Vitamin, die Vitamine
- Vivian
- der Vogel, die Vögel
- Volker

Rechtschreibhilfen verwenden: mit der Wörterliste arbeiten

voll
vorfahren, er fährt vor,
er fuhr vor, er ist vorgefahren
vorhin
vorlesen, sie liest vor,
sie las vor,
sie hat vorgelesen

W

die **Waage**, die Waagen
die **Wahl**, die Wahlen
die **Wahrheit**
die **Waise**, die Waisen
der **Wald**, die Wälder
die **Wand**, die Wände
wann
die **Wanne**, die Wannen
warum
was
waschen, sie wäscht,
sie wusch,
sie hat gewaschen
die **Waschmaschine**,
die Waschmaschinen
weben, er webt, er webte,
er hat gewebt
der **Weg**, die Wege
welche
wer
die **Werbung**
werden, es wird,
es wurde, es ist geworden
das **Werk**, die Werke
weshalb
wetten, er wettet, er wettete,
er hat gewettet
wichtig
wie
wie viel
wild
windig
winken, er winkt, er winkte,
er hat gewunken
wo
woher
wohin
wollen, sie will, sie wollte,
sie hat gewollt

X

das **Xylofon**, die Xylofone

Z

die **Zahl**, die Zahlen
der **Zahn**, die Zähne
der **Zaun**, die Zäune
zehn
der **Zettel**, die Zettel
das **Zimmer**, die Zimmer
der **Zoo**, die Zoos
der **Zucker**
der **Zug**, die Züge
der **Zwerg**, die Zwerge

Rechtschreibhilfen verwenden: mit der Wörterliste arbeiten

Kooperative Lernformen

Ich – du – wir

1. Ich arbeite alleine.
2. Ich tausche mich mit einem Partnerkind aus.
3. Wir sprechen über unsere Ergebnisse in der Gruppe.
4. Wir ergänzen.
5. Ich arbeite mit den Ideen weiter.

Partnerarbeit

1. Wir arbeiten gemeinsam und helfen uns.
2. Wir sprechen in Flüstersprache.
3. Wir halten die Gesprächsregeln ein.
4. Wir sind beide für das Ergebnis der Partnerarbeit verantwortlich.

Gruppenarbeit

1. Wir bilden eine Gruppe.
2. Wir wählen ein Thema aus.
3. Wir überlegen, wer präsentiert und wer mitschreibt.
4. Wir arbeiten gemeinsam und helfen uns.
5. Wir sprechen in Flüstersprache.
6. Wir halten die Gesprächsregeln ein.
7. Wir sind alle für das Ergebnis der Gruppenarbeit verantwortlich.

Kooperative Lernformen/Arbeit am Computer

5-Finger-Methode

1. Ich zeichne meine Hand auf ein Blatt.
2. Ich sammele Ideen.
3. Ich schreibe sie in die Finger.
4. Ich vergleiche mit einem Partnerkind.
5. Ich arbeite mit den Ideen weiter.

Placemat

1. Wir bilden eine Gruppe.
2. Wir nehmen uns eine Placemat-Vorlage.
3. Ich überlege zuerst alleine und schreibe meine Vorschläge in das Feld vor mir.
4. Nachdem wir alle etwas geschrieben haben, stehen wir auf und lesen die Vorschläge der anderen.
5. Wir besprechen unsere Vorschläge.
6. Wir einigen uns auf ein Ergebnis.

Arbeit mit dem Computer

– Wir arbeiten am Computer gemeinsam und helfen uns.
– Wir wechseln uns ab.

Am Computer kann ich schreiben, gestalten und recherchieren.

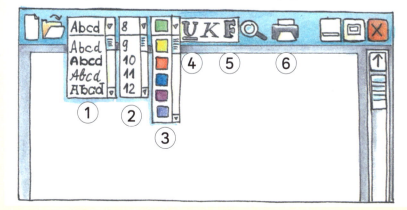

1. Schrift
2. Schriftgröße
3. Farbe
4. Unterstreichen
5. Fett
6. Drucken

Sprechen und Zuhören/Über Lernen sprechen

Gesprächsregeln

<u>Erzählregeln</u>

– Ich melde mich.
– Ich spreche laut und deutlich.
– Ich bleibe beim Thema.
– Ich beantworte Fragen.
– Ich lasse andere ausreden.

<u>Zuhörregeln</u>

– Ich höre zu und verhalte mich ruhig.
– Ich schaue den Erzähler freundlich an.
– Ich gebe Rückmeldungen.

Rückmeldung geben

– Ich bin höflich und lobe.
– Ich gebe Tipps zur Verbesserung.
– Ich begründe meine Meinung.

 Mir gefällt ...
 Du könntest noch etwas verbessern.
Tipp Ich gebe dir den Tipp ...

Über Lernen sprechen/Reflektieren

– Ich beurteile meine/unsere Arbeit.
– Ich sage, wie ich mich beim Lernen gefühlt habe.
– Ich beginne Sätze mit ICH oder MIR,
– Ich begründe meine Meinung.

 Ich bin sehr zufrieden.
 Ich könnte noch etwas verbessern.
Tipp Ich nehme mir etwas vor ...

Texte verfassen

Texte planen – Schreibziel

Texte planen – Brainstorming

Mit einem Brainstorming sammelt man Gedanken.
1. Ich male einen Kreis und schreibe ein Thema hinein.
2. Ich sammele Ideen und schreibe sie dazu.

Texte planen – Ideenblitze

Ideenblitze helfen mir, eine Geschichte zu planen.
1. Ich sammele Ideen und schreibe sie auf.
2. Ich wähle aus, welche Ideen ich für meine Geschichte brauche.

Texte planen – Schreibplan

a) Ich entscheide mich für eine Schreibidee.

b) Ich notiere meine Schreibidee und schreibe Ideenblitze.

c) Ich plane einen Text und schreibe einen Schreibplan.

d) Ich schreibe meine Geschichte.

e) Ich finde eine passende Überschrift.

Texte verfassen

Texte schreiben – Textaufbau

Brief
- Ort und Datum (rechts oben)
- Anrede
- Anredepronomen (du/Sie)
- Grußformel
- Unterschrift

In einem Brief schreibst du auch von dir selbst.

Lügengeschichte
- Sammele mit den Ideenblitzen Ideen/Dinge, die erlogen, übertrieben oder unlogisch sind.
- Plane deine Geschichte mit einem Schreibplan.
- Schreibe in der ich-Form.
- Schreibe in ganzen Sätzen.
- Schreibe in einer Zeitform.

Nacherzählung
- Schreibe in eigenen Worten.
- Schreibe nicht ab.
- Schreibe im Präteritum.
- Nenne die wichtigsten Dinge.
- Verändere die Geschichte nicht.
- Beachte die Reihenfolge der Ereignisse.

Beschreibung
- Beschreibe möglichst genau.
- Beschreibe nur das, was du siehst.
- Beschreibe das, was besonders auffällig ist.
- Halte eine sinnvolle Reihenfolge ein.
- Benutze treffende Wörter und Fachausdrücke.
- Schreibe im Präsens.

Steckbrief
- Schreibe Stichwörter auf.
- Halte eine sinnvolle Reihenfolge ein.
- Benutze treffende Wörter und Fachausdrücke.
- Schreibe zum Schluss das Besondere auf.

Märchen
- Sammele Ideen für dein Märchen mit den Märchenkarten.
- Schreibe in deiner Einleitung: *Wer? Wo? Wann? Was passiert?*
- Schreibe im Hauptteil ausführlich und mit treffenden Ausdrücken.
- Verwende die Märchenmerkmale.
- Finde einen passenden Märchenschluss.
- Schreibe in ganzen Sätzen.
- Schreibe im Präteritum.

Texte verfassen

Texte überarbeiten – Textlupen

 Textsorte beachtet?

 Sinnvolle **R**eihenfolge/
Roter **F**aden?

| S | Vollständige **S**ätze? | | **Z**eitform? |

| W | **W**iederholungen? | | Passende **Ü**berschrift? |

Namen der Textforscher	Das finde ich gut.	Dazu habe ich Fragen. Hier fällt mir etwas auf.	Tipps …

Texte überarbeiten – So kannst du Texte auch überarbeiten

Umstellen
– einen Satz umstellen
– andere Satzanfänge finden
– das Wichtige steht vorne

Jan spielt im Garten Fußball.
Im Garten spielt Jan Fußball.

Streichen
– Überflüssiges und Falsches streichen

Ich gehe gern zur Schule.
 habe
Dort ~~hatte~~ ich viele Freunde.

Ersetzen
– falsche Zeitform ersetzen
  oder Wortwiederholungen
  vermeiden
                    aß
Jana las ein Buch und ~~isst~~ Brot.
 Sie
~~Jana~~ spielte mit ihren Freunden.

Ergänzen
– Sätze verbinden

Im Affenhaus ist Lärm,
weil die Affen schreien.

– Sätze verlängern
– z. B. Spannendes einfügen
– ausführlicher schreiben

Methoden und Arbeitstechniken

Texte schreiben: sprachliche Mittel verwenden;
Texte überarbeiten: Texte an der Schreibaufgabe überprüfen;
Arbeitstechniken nutzen: Textlupen anwenden

Texte verfassen

Texte präsentieren – Plakat

– Schreibe das Thema als Überschrift groß und farbig oben in die Mitte des Plakates.
– Überlege dir, wie viel Platz ein Thema braucht und teile das Plakat mit dünnen Bleistiftlinien ein.
– Schreibe Stichwörter zu den Oberbegriffen auf.
– Die Schrift muss gut lesbar sein.
– Du kannst auch alles mit dem PC schreiben und Texte aufkleben.
– Kontrolliere die Rechtschreibung.
– Klebe passende Zeichnungen oder Bilder dazu.

Texte präsentieren – Spickzettel (Stichwörter sammeln)

– Informiere dich zu deinem Thema und finde Oberbegriffe.
– Bringe sie in eine sinnvolle Reihenfolge.
– Schreibe dir Stichwörter dazu auf, keine Sätze.
– Schreibe dir den Einleitungssatz zu deinem Vortrag auf.
– Schreibe dir den Schlusssatz zu deinem Vortrag auf.

Texte präsentieren – Vortrag

Vor dem Vortrag …
– suche ich Informationen und ordne sie mit Karten,
– gestalte ich mein Plakat,
– schreibe ich einen Spickzettel, Einleitungssatz und Schlusssatz,
– übe ich den Vortrag mit einem Partnerkind oder vor einem Spiegel,
– ordne ich meine Materialien und lege sie mir bereit.

Während des Vortrags …
– spreche ich laut und deutlich und mache Pausen,
– schaue ich meine Zuhörer an und zeige z.B. etwas am Plakat.

Nach dem Vortrag …
– antworte ich auf Fragen und hole Rückmeldungen ein.

Richtig schreiben

Rechtschreibgespräch

1. Ich habe ein Rechtschreibproblem.
2. Ich berate mich mit anderen Kindern.
3. Wir sprechen über Aufpass-Stellen und erklären sie.

Sternenforscher

Geschriebene Wörter untersuchen

– Ich lese das Wort mit Silbenbögen.
– Ich spreche genau mit.
– Ich markiere die Aufpass-Stellen.
– Ich führe ein Rechtschreibgespräch.

Selber richtig schreiben

– Ich spreche in Silben genau mit.
– Ich entdecke eine Aufpass-Stelle und wende eine Strategie an.

– Ich beachte die Großschreibung.

– Ich achte auf Wortbausteine.

Abschreiben

1. Ich lese.
2. Ich verdecke einen Teil und merke ihn mir.
3. Ich schreibe und spreche dabei genau mit.
4. Ich kontrolliere.

Richtig schreiben

Partnerdiktat

1. Ich diktiere und beobachte mein Partnerkind beim Schreiben.
2. Mein Partnerkind schreibt und spricht leise mit.
3. Bei einem Fehler sage ich: „Stopp!"
4. Wir sprechen darüber und verbessern den Fehler.
5. Wir wechseln uns ab.

Nachschlagen

– Wenn ich ein Wort nicht finden kann, überlege ich,
  ob es einen anderen Anfangsbuchstaben haben könnte.
– Nomen finde ich in der Einzahl.
– Verben und Adjektive finde ich in der Grundform.
– Wenn der erste Buchstabe gleich ist,
  schaue ich mir die nächsten Buchstaben an.

E
das Ei, die Eier
das Eis
der Elefant, die Elefanten

Merkwörter üben

Ich suche die Merkwörter in der Wörterliste. verkaufen, S. 10 Hai, S. 4	Ich ordne die Merkwörter nach dem Abc. Hahn Hai Käse verkaufen	Ich schreibe meine schwierigen Wörter auf. Ich benutze verschiedene Farben und Formen. verkaufen
Wörterschnecke Ich schreibe die Wörter mehrfach. 	**Spinnennetz** Ich schreibe die Wörter mehrfach. 	**Meine eigene Idee:**

Methoden und Arbeitstechniken

Arbeitstechniken kennenlernen: mit dem Partnerdiktat arbeiten, Wörterliste nutzen; Rechtschreibstrategien anwenden: Merken

Das kann ich jetzt

✏️ **Fin**de die Sa**tz**gren**zen**. Se**tze** die Satz**schluss**zei**chen**.

heute regnet es ich brauche einen Regenschirm und einen Mantel Mama holt meine Stiefel

Ich kann Satz**gren**zen fin**den**.

✏️ **Bil**de zu**sam**men**ge**setz**te** No**men** und schrei**be** sie mit Ar**ti**kel auf.

Garten   Schlauch   Haus   Schaukel   Tisch

_____

_____

Ich kann zu**sam**men**ge**setz**te** No**men** bil**den** und mit Ar**ti**kel auf**schrei**ben.

✏️ Schrei**be** Wör**ter**.

Ich kann Wörter mit **Sp** und **St** schrei**ben**.

Das kann ich jetzt

✏️ Schreibe Wörter mit **tz** und **ck**.

Ich kann Wörter mit **tz** und **ck** schreiben. 😃 🙂 😐 ☹️

✏️ Schreibe Wörter mit **Qu**.

Ich kann Wörter mit **Qu** schreiben. 😃 🙂 😐 ☹️

✏️ Schreibe Wörter mit **ie** und **ß**.

Ich kann Wörter mit **ie** und **ß** schreiben. 😃 🙂 😐 ☹️

Das kann ich jetzt

🖉 **Bilde Adjektive mit -ig und -lich.**

Lust _____   Herz _____

Glück _____   Fleiß _____

Herr _____   Witz _____

Ich kann Adjektive mit -ig und -lich bilden. 😃 🙂 😐 ☹

🖉 **Setze die Adjektive passend ein.**

Nina spielt mit _____ Autos.
           bunt

Luis malt einen _____ Fisch.
          klein

Ali fährt mit einem _____ Roller.
            blau

Ich kann Adjektive passend einsetzen. 😃 🙂 😐 ☹

🖉 **Bilde einen Satz und stelle ihn zweimal um.**

ich | gehe | ins Kino | heute

_____

_____

_____

Ich kann Sätze bilden und umstellen. 😃 🙂 😐 ☹

Das kann ich jetzt

✏️ **Schwinge weiter.**

Kor ᵖ/b   Körbe – also Korb mit b

le ᵖ/b t

Klei ᵗ/d

sprin ᵏ/g t

Kin ᵗ/d

frem ᵗ/d

gesun ᵗ/d

sa ᵏ/g t

Ich kann Wörter weiterschwingen. 😃 🙂 😐 ☹️

✏️ **Sortiere die Wörter nach dem Abc.**

| Chips | Computer | Chaos | Clown |

1. _____   3. _____

2. _____   4. _____

Ich kann Wörter nach dem Abc sortieren. 😃 🙂 😐 ☹️

Lerntagebuch/Portfolio   über Lernen sprechen: Lernerfahrungen reflektieren   > SAH S. 24–43

Das kann ich jetzt

✏️ **Schreibe das Verb in allen Personalformen auf.**

schreiben

ich _____ du _____ er/sie/es _____

wir _____ ihr _____ sie _____

Ich kenne die Personalformen von Verben. 😃 🙂 😐 ☹️

✏️ **Schreibe die Verben in der er-Form auf.**

geben   er gibt

laufen _____

nehmen _____

essen   _____

Ich kenne unregelmäßige Verben. 😃 🙂 😐 ☹️

✏️ **Ersetze durch Pronomen.**

_____ reitet auf einem Pony.
Ali

_____ malt ein Bild.
Lisa

_____ laufen nach Hause.
Die Kinder

Ich kann Nomen ersetzen. 😃 🙂 😐 ☹️

Das kann ich jetzt

✏️ **Schreibe** die ich-Form auf. Markiere das Dehnungs-h.

| fahren | wohnen | nehmen | drehen | sehen |

ich fahre, _____

_____

Ich kann Wörter mit Dehnungs-h schreiben. 😊 🙂 😐 ☹️

✏️ **ä** oder **äu**? Setze ein. Suche verwandte Wörter.

B_ä_ckerei – _backen_   tr___men – _____

R___ber – _____   P___ckchen – _____

T___nzerin – _____ Verk___fer – _____

Ich kann Wörter ableiten. 😊 🙂 😐 ☹️

✏️ **Bilde** Verben mit **lesen**.

| vor | ab | mit |

_____

_____

Ich kann Verben mit Vorsilben bilden. 😊 🙂 😐 ☹️

Das kann ich jetzt

✏️ Schreibe Nomen für Gefühle mit Artikel auf.

_____
_____

Ich kenne Nomen für Gefühle. 😀 🙂 😐 ☹️

✏️ Schreibe Nomen mit ung | heit | keit auf.

krank _____ fröhlich _____

einladen _____ rechnen _____

Ich kenne Nomen mit ung, heit, keit. 😀 🙂 😐 ☹️

✏️ Markiere die Wortfamilien.
Schreibe die zusammengehörigen Wörter auf.

| Hoffnung | hoffentlich | hoffen | Glaube |
| gläubig | glauben | Wut | wütend | wüten |

_____
_____
_____

Ich kann Wortfamilien erkennen. 😀 🙂 😐 ☹️

Lerntagebuch/Portfolio   über Lernen sprechen: Lernerfahrungen reflektieren   > SAH S. 64–83

Das kann ich jetzt

✏️ Ver**gl**ei**ch**e die Tie**r**e. Sch**r**ei**be**.

Der Hund ist _____ die Maus.
groß

Das Nashorn ist _____ der Löwe.
dick

Ein Hai ist _____ ein Delfin.
gefährlich

Ich kann mit Ad**jek**t**iv**en ver**gl**ei**ch**en. 😊 🙂 😐 ☹️

✏️ Schwin**ge** wei**ter**.

t oder tt? Be▓   die Betten, also Bett mit tt

m oder mm? Schwa▓   _____

s oder ss? na▓   _____

l oder ll? he▓   _____

Ich kann Wör**ter** wei**ter**schwin**g**en. 😊 🙂 😐 ☹️

✏️ Schla**g**e die Wör**ter** in der Wör**ter**lis**te** nach. 📖

Tiger S. 9   _____

_____   _____

_____   _____

Ich kann Wör**ter** nach**schl**a**g**en. 😊 🙂 😐 ☹️

Das kann ich jetzt

✏️ Schreibe die Verben im Präteritum auf.

	malen	schreiben
ich		
du		
er/sie/es		
wir		
ihr		
sie		

Ich kann Verben im Präteritum bilden.

✏️ Schreibe die Sätze im Präteritum auf.

Oskar isst Pizza.

_____

Mia trinkt Apfelsaft.

_____

Fatima geht zum Spielplatz.

_____

Ich kann Sätze im Präteritum schreiben.

Das kann ich jetzt

🖉 **Setze** die **Zei**chen der wörtlichen **Re**de rich**tig** ein.
Un**ter**strei**che** den Be**g**lei**t**satz blau,
die wörtli**che** **Re**de orange.

Robert ruft__   __Wir spielen Fußball!__

Nele fragt__   __Kann ich zu euch kommen?__

Paula antwortet__   __Ja, gerne.__

Ich wen**de** die **Zei**chen der wörtlichen **Re**de an. 😊 🙂 😐 ☹

🖉 **s** o**der** **ß**? Schwin**ge** wei**ter**.

sü⬛   süße – also süß mit ß

er bei⬛t   _____

flie⬛t   _____

Gru⬛   _____

Ich kann Wör**ter** mit **ß** wei**ter**schwin**gen**. 😊 🙂 😐 ☹

🖉 Schla**ge** nach und schrei**be** auf. 📖

🍊 Apfelsine, S.

(Bild Mikado) _____

(Bild Pelikan) _____

(Bild Krokodil) _____

Ich kann Merk**wör**ter mit i nach**schl**a**gen**. 😊 🙂 😐 ☹

Das kann ich jetzt

✏ Stelle die Sätze einmal um. Unterstreiche das Prädikat.

Die Kugel fiel in den Brunnen.

_____

Das Mädchen küsste den Frosch.

_____

Ich kann das Prädikat bestimmen. 😀 🙂 😐 🙁

✏ Setze passende Satzschlusszeichen.

Was gibst du mir, wenn ich dir Stroh zu Gold spinne __

Ich habe nichts, was ich dir geben könnte __

Gib mir dein erstes Kind, wenn du Königin bist __

Ich kann Satzschlusszeichen richtig verwenden. 😀 🙂 😐 🙁

✏ Sortiere die Wörter nach dem Abc.

| Kaiser | Mais | Waise | Hai |

1. _____   3. _____

2. _____   4. _____

Ich kann Merkwörter mit ai sortieren. 😀 🙂 😐 🙁

Das kann ich jetzt

✏ Unterstreiche den Begleitsatz blau, die wörtliche Rede orange. Setze die Zeichen der wörtlichen Rede richtig ein.

Der Zwerg fragt__
__Wer hat in meinem Bettchen geschlafen__

Der Zwerg fragt__
__Und wer hat von meinem Tellerchen gegessen__

Der Zwerg überlegt__
__Und wer hat aus meinem Gläschen getrunken__

Ich wende die Zeichen der wörtlichen Rede an. 😊 🙂 😐 ☹

✏ Schwinge weiter.

er zo^k/_g   wir zogen — also zog mit g

sie le^p/_bte   _____

es ga^p/_b   _____

es stan^t/_d   _____

er hin^k/_g   _____

er schrie^p/_b   _____

Ich kann Wörter weiterschwingen. 😊 🙂 😐 ☹

Lerntagebuch/Portfolio   über Lernen sprechen: Lernerfahrungen reflektieren   > SAH S. 112–131

Das kann ich jetzt

🖉 **Stelle die Sätze einmal um.**
Bestimme und markiere das Prädikat und das Subjekt.

Hoppelt das Kaninchen in den Stall?

_____

Schwimmen die Enten und ihre Küken in dem Teich?

_____

Die Pferde stehen heute auf der Weide.

_____

Ich kann das Prädikat und Subjekt bestimmen.

 Bestimme und markiere in den Sätzen alle Satzglieder.

Die Kinder gehen am Vormittag in den Zoo.

Mittags laufen sie zum Spielplatz.

Am Nachmittag scheint die Sonne.

Auf der Scheune brütet jedes Jahr ein Storchenpaar.

Ich kann Satzglieder bestimmen.

Das kann ich jetzt

✏️ Schreibe den Satz nach Silben getrennt auf.

Im Zoo fressen die Spatzen den Meerschweinchen das Futter weg.

_____

_____

Ich kann Wörter nach Silben trennen. 😀 🙂 😐 ☹️

✏️ Markiere die roten Aufpass-Stellen.

Taxi	Pyramide	Box
Xylofon	Boxer	Hyäne
Hydrant	Lexikon	Papyrus

Ich kann rote Aufpass-Stellen erkennen. 😀 🙂 😐 ☹️

✏️ Sortiere die Merkwörter nach dem Abc.

Physik   Pharao   Philipp   Papyrus

1. _____   3. _____

2. _____   4. _____

Ich kann Wörter nach dem Abc sortieren. 😀 🙂 😐 ☹️

Das kann ich jetzt

✏️ Trage die Verbformen von **schwimmen** richtig ein.

	Präsens	Perfekt
ich		
du		
er/sie/es		
wir		
ihr	schwimmt	seid geschwommen
sie		

Ich kann Verben in Zeitformen schreiben.

✏️ Markiere Nomen, Verben und Adjektive in drei Farben.

DER LUSTIGE ZIRKUS KOMMT IN DIE SCHULE.

ALLE FRÖHLICHEN KINDER FEIERN IM ZIRKUS.

DIE VORSTELLUNG HAT DEN KINDERN GUT GEFALLEN.

Ich kann Wortarten unterscheiden.

✏️ **ä** oder **e**? Schlage nach und schreibe auf.

  _____ S.   _____ S.

  _____ S.   _____ S.

Ich kann Merkwörter mit **ä** nachschlagen.

Das kann ich jetzt

✏️ Schreibe zusammengesetzte Nomen auf.

| Bank | Stuhl | Fenster | Bein |
| Auto | Kopf | Schlüssel | Kissen |

_____

_____

Ich kann zusammengesetzte Nomen bilden. 😃 🙂 😐 ☹️

✏️ Zerlege die Wörter und schwinge weiter.

Spi~~k~~/ck zettel _____

Sto p/pp schild _____

Bro t/d dose _____

Ich kann zusammengesetzte Nomen zerlegen und weiterschwingen. 😃 🙂 😐 ☹️

✏️ Schlage nach und schreibe auf. 📖

🍀 _____ S.   ZOO _____ S.

🌊 _____ S.   🍒 _____ S.

Ich kann Merkwörter mit Doppelvokalen nachschlagen.   😃 🙂 😐 ☹️

Lerntagebuch/Portfolio   über Lernen sprechen: Lernerfahrungen reflektieren   > SAH S. 152–171

Fachbegriffe

Adjektiv
Mit Adjektiven kannst du etwas genauer beschreiben.
Sie sagen, wie jemand oder etwas ist.
Adjektive haben eine Grundform. Adjektive kann man verändern.
Wie ist der Löwe? wild
wild – der wilde Löwe – Der Löwe ist wild.
Mit Adjektiven kann man vergleichen.
Sie verändern sich in der 1. und 2. Vergleichsstufe.
schnell, schneller, am schnellsten
warm, wärmer, am wärmsten

Alphabet (Abc)
Das Alphabet (Abc) hat 26 Buchstaben:
A B C D E F G H I J K L M N O P Q R S T U V W X Y Z
A, E, I, O und U sind Selbstlaute (Vokale).

Artikel (Begleiter)
Nomen (Substantive) haben einen passenden Begleiter.
Man nennt ihn **Artikel** (Begleiter).
der Hund, die Schule, das Tier
Es gibt **bestimmte** Artikel (Begleiter): der, die, das
Es gibt **unbestimmte** Artikel (Begleiter): ein, eine
der Stift – ein Stift, das Tier – ein Tier, die Schule – eine Schule

Doppellaute (Zwielaute)
Au/au, Ei/ei, Ai/ai, Eu/eu und Äu/äu sind Doppellaute (Zwielaute).
Sie bestehen aus zwei Selbstlauten.

Mitlaute (Konsonanten)
Alle Buchstaben im Abc, die keine Selbstlaute (Vokale) sind,
heißen Mitlaute (Konsonanten).

Nomen (Substantive)
Wörter für Menschen, Tiere, Pflanzen und Dinge heißen Nomen
(Substantive). Nomen schreibe ich groß.
Schule, Tier, Stift, ...
Es gibt auch Nomen für Gedanken und Gefühle.
die Wut, der Hunger, die Freude, ...

Die meisten **Nomen** gibt es in der **Einzahl** (Singular)
und in der **Mehrzahl** (Plural).
die Schule – die Schulen, das Tier – die Tiere, der Stift – die Stifte
Man kann Nomen zusammensetzen.
Damit kann man genauer beschreiben:
der Regen + der Bogen = der Regenbogen
waschen + die Maschine = die Waschmaschine
bunt + der Stift = der Buntstift

Pronomen
Nomen können durch Pronomen ersetzt werden:
ich, du, er, sie, es, wir, ihr, sie
Die Lehrerin fragt. Sie fragt.
Das Haus ist blau. Es ist blau.

Satz
Aus Wörtern kann man Sätze bilden.
Satzanfänge schreibt man groß.
Am Ende des Satzes steht ein **Satzschlusszeichen**.
Am Ende eines **Aussagesatz**es steht ein Punkt.
Momo sitzt am Computer.
Am Ende eines **Fragesatz**es steht ein Fragezeichen.
Wo bist du? Gehst du in den Zoo?
Am Ende eines **Ausrufesatz**es oder **Aufforderungssatz**es
steht ein Ausrufezeichen.
Lass das! Hilfe!

Satzglied
Ein Satz besteht aus Satzgliedern.
Ein Satzglied kann aus einem oder mehreren Wörtern bestehen.
Satzglieder kann man umstellen:
Nele war im Kino.   Im Kino war Nele.   War Nele im Kino?
Satzglieder kann man erfragen.
Satzglieder sind zum Beispiel:
Prädikat (Satzkern), Subjekt, Ortsangabe und Zeitangabe

Selbstlaute (Vokale)
a, e, i, o und u heißen Selbstlaute (Vokale).

Silben
Wörter kann man in Silben einteilen.
Ein Wort kann aus einer oder mehreren Silben bestehen.
Jede Silbe hat mindestens einen Selbstlaut (Vokal).

Umlaute
ö, ü und ä heißen Umlaute. Auch Umlaute sind Selbstlaute.

Verb
Wörter wie reiten, lesen, trinken heißen Verben.
Verben sagen, was jemand tut oder was geschieht.
Verben verändern sich im Satz. Es kommt darauf an, wer etwas tut.
Ich male. — Du malst. Er/Sie/Es malt. Wir malen. Ihr malt. Wir malen.
Die Grundform von Verben ist meist die wir-Form.
Im Wörterbuch stehen Verben in der Grundform (wir-Form).
wir schwingen — schwingen, du rennst — rennen
Es gibt regelmäßige und unregelmäßige Verben.
Die verschiedenen Endungen -e, -st, -t, -en sind Wortbausteine.
Manche Verben ändern im Wortstamm ihren Selbstlaut (Vokal).
wir tragen — du trägst, ich esse — du isst
Verben können in verschiedenen Zeitformen stehen:
Präsens, Präteritum, Perfekt.

Vorsilben
Vorangestellte Wortbausteine nennt man Vorsilben.
Sie verändern die Bedeutung von Wörtern.
fliegen: wegfliegen, mitfliegen, abfliegen

Wortbausteine
Wörter sind aus Wortbausteinen zusammengesetzt.
Wortbausteine können die Bedeutung von Wörtern verändern.

Wortfamilien
Wörter mit gleichem Wortstamm sind die Verwandten einer Wortfamilie.
lesen, Lesebuch, vorlesen, Leserin

Wortfeld
Wörter, die eine ähnliche Bedeutung haben, gehören zu einem Wortfeld.
gehen: rennen, laufen, schleichen, wandern, spazieren, ...

Wörtliche Rede
Das, was jemand sagt, nennt man wörtliche Rede.
Am Anfang/Ende der wörtlichen Rede stehen Anführungszeichen. „ "
Im Begleitsatz steht, wer spricht und wie gesprochen wird.
Nach dem Begleitsatz steht ein Doppelpunkt. :
Der Vater fragt: „Möchtest du noch Suppe?"

Wortstamm
Der Wortstamm ist der Teil des Wortes, der meistens gleich bleibt.

| lieb | Liebe, lieben, lieblich, ...

| lach | ich lache, du lachst, er/sie/es lacht, wir lachen, ...

Zeitformen
Zeitformen sind die Formen des Verbs, mit denen man auf die Zeit hinweist.
Verben können in verschiedenen Zeitformen stehen.
Dabei kann sich der Wortstamm ändern.
Das **Präsens** (Gegenwartsform) zeigt an, dass jetzt etwas passiert.
Sie geht nach Hause. Er holt ein Spiel.
Verben können auch in Vergangenheitsformen stehen.
Wenn man etwas von früher schreibt, benutzt man das **Präteritum**.
Sie ging nach Hause. Er holte ein Spiel.
Wenn man etwas von früher erzählt, benutzt man das **Perfekt**.
Sie sind nach Hause gegangen. Er hat ein Spiel geholt.

Zusammengesetzte Nomen
Aus mehreren Wörtern kann man
zusammengesetzte Nomen (Substantive) bilden.
Regen + Bogen → Regenbogen
schreiben + Heft → Schreibheft
bunt + Specht → Buntspecht

#

**Spracharbeitsheft 3 A
zur Förderung**

Erarbeitet von
Astrid Eichmeyer,
Kerstin von Werder
und Sabine Willmeroth

Unter Beratung von
Nicole Schlinkhoff

Illustriert von Svenja Doering und Susanne Schulte

westermann

Inhaltsverzeichnis

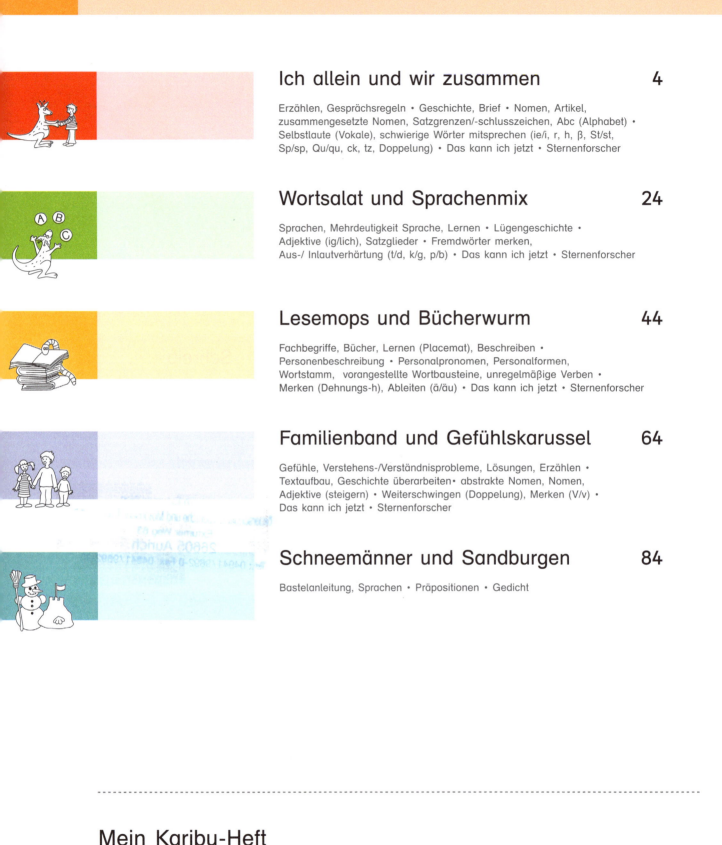

Ich allein und wir zusammen — 4

Erzählen, Gesprächsregeln • Geschichte, Brief • Nomen, Artikel, zusammengesetzte Nomen, Satzgrenzen/-schlusszeichen, Abc (Alphabet) • Selbstlaute (Vokale), schwierige Wörter mitsprechen (ie/i, r, h, ß, St/st, Sp/sp, Qu/qu, ck, tz, Doppelung) • Das kann ich jetzt • Sternenforscher

Wortsalat und Sprachenmix — 24

Sprachen, Mehrdeutigkeit Sprache, Lernen • Lügengeschichte • Adjektive (ig/lich), Satzglieder • Fremdwörter merken, Aus-/ Inlautverhärtung (t/d, k/g, p/b) • Das kann ich jetzt • Sternenforscher

Lesemops und Bücherwurm — 44

Fachbegriffe, Bücher, Lernen (Placemat), Beschreiben • Personenbeschreibung • Personalpronomen, Personalformen, Wortstamm, vorangestellte Wortbausteine, unregelmäßige Verben • Merken (Dehnungs-h), Ableiten (ä/äu) • Das kann ich jetzt • Sternenforscher

Familienband und Gefühlskarussel — 64

Gefühle, Verstehens-/Verständnisprobleme, Lösungen, Erzählen • Textaufbau, Geschichte überarbeiten • abstrakte Nomen, Nomen, Adjektive (steigern) • Weiterschwingen (Doppelung), Merken (V/v) • Das kann ich jetzt • Sternenforscher

Schneemänner und Sandburgen — 84

Bastelanleitung, Sprachen • Präpositionen • Gedicht

Mein Karibu-Heft

KH

Wörterliste	2
Methodenseiten	12
Fachbegriffe	37

Was diese Zeichen bedeuten:

👥	Ich arbeite mit einem Partnerkind.
👄	Erzähle: Was siehst du? Was denkst du?
👁	Lies.
✏️	Schreibe. Markiere. Unterstreiche.
⟶	Verbinde.
📖	Ich schlage in der Wörterliste nach.
📓	Ich bearbeite die Aufgabe in meinem Schreibheft.
S. 20	Ich kann in meinem Karibu-Heft nachschlagen.
💻	Ich recherchiere in Büchern oder im Internet.
Silbe	Aufgabenstellungen, Sprechblasen und Texte in den Kompetenzbereichen Sprechen und Zuhören und Texte verfassen sind silbisch gedruckt.
☐	Nomen
☐	Verben
☐	Adjektive
●	Anforderungsniveau I
■	Anforderungsniveau II

Ich heiße …

Ich spreche

… Deutsch.

… Englisch.

… Arabisch.

Sie spricht Englisch.

Ich bin … Jahre alt.

Mein Lieblingsfach ist

… Deutsch.

… Mathematik.

… Sachunterricht.

… Englisch.

… Sport.

Mein Hobby ist …

Sich vorstellen

1 🗣 Erzähle.

My name is Salma. I come from Syria. I don't speak German.

Ich heiße Salome. Schön, dass du da bist, Salma.

Hello, Salma!

Ich heiße Ole. Du sprichst aber toll Englisch!

2 ✏ Wie können die Kinder Salma helfen?

3 🗣 Stelle dich einem Partnerkind vor.

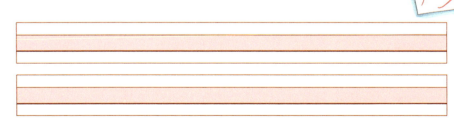

| Name | Alter | Lieblingsfach | Hobbys |

Gesprächsregeln einhalten

1 👄 Erzähle.

Ich bin in ... geboren.

Wo bist du geboren?

Woher kommst du?

Ich komme aus

... Deutschland.

... Polen.

... Russland.

... Syrien.

Ich spreche.
Du hörst zu.

Ich melde mich.
Ich frage nach.
Du erklärst.

2 👄 Warum sind Gesprächsregeln in der Klasse wichtig? Begründe.

3 🔗 Verbinde.

Wer etwas sagen will,	gebe ich das Wort weiter.
Wer an der Reihe ist,	das gerade spricht.
Wenn ich fertig bin,	meldet sich.
Ich sehe das Kind an,	spricht laut und deutlich.
Wenn jemand spricht,	frage ich nach.
Verstehe ich etwas nicht,	höre ich zu.

Sprechen und Zuhören — zu anderen sprechen: erzählen; Gespräche führen: (gemeinsam entwickelte) Gesprächsregeln beachten — > Gesprächsregeln, KH S. 14

Eine Feriengeschichte planen und schreiben

1 👄 Erzähle.

Hotelschlüssel verloren

Sandburg bauen

faulenzen

2 ✏ Schreibe Ideenblitze über deine Ferien.

3 ✏ Was hast du in den Ferien erlebt? Schreibe Sätze.

Einen Brief schreiben

1 👁 👄 Lies und erzähle.

Essen, 15.08.2017

Liebe Katrin,

wie geht es dir? Bist du wieder gut zu Hause angekommen? Was hast du noch in den Ferien erlebt?

Ich finde es toll, dass wir uns kennengelernt haben. Vielleicht besuchen wir uns bald mal.

Bitte schreib mir zurück!

Viele Grüße
dein Jona

Checkliste
Ort
Datum
Anrede
Grußformel
Unterschrift

Jona Bukow
Ahornweg 1
45127 Essen

Katrin Schröder
Kleestr. 23
28195 Berlin

2 ✏ Unterstreiche die Merkmale der Checkliste im Brief farbig.

In einem Brief muss ich bestimmte Merkmale beachten.

3 ✏ Schreibe deine eigene Adresse auf.

Vorname Nachname:

Straße Hausnummer:

Postleitzahl Ort:

Einen Brief schreiben

1 ✎ Schreibe einen Brief.

Ort: _____ Datum: _____

Anrede: _____

In den Ferien _____
_____
_____
_____
_____
_____
_____
_____
_____

Gruß: _____
Unterschrift: _____

2 Führt eine Leseversammlung durch.

Nomen (Substantive) kennen und ordnen

1 ✏ Markiert die Nomen. 👦👧   *Nomen kann ich haben und anfassen.*

SPIELT	DAS	**PFÜTZE**	TANTE	STEIN
KIND	DER	PFERD	ECKIG	TIEF
VOGEL	ALT	SCHUH	SIEBT	GRAS

2 Verbinde.

| die Pfütze | die Pferde | der Vogel | die Gräser |
| das Pferd | die Pfützen | das Gras | die Vögel |

(die Pfütze — die Pfützen)

3 ✏ Schreibe die Nomen in der Mehrzahl auf.

die Tante _____

der Stein _____

das Kind _____

der Schuh _____

Wörter für Menschen, Tiere, Pflanzen und Dinge heißen **Nomen** (Substantive). Nomen schreibe ich groß.
Viele Nomen gibt es in **Einzahl** (Singular) und **Mehrzahl** (Plural).
der Stift – die Stifte

Nomen (Substantive) kennen und ordnen

1 👁 ✏ Lies. Markiere die Nomen.

> Das Pferd tritt in eine Pfütze.
>
> Das Mädchen klettert auf die Rutsche.
>
> Die Maus sitzt im Gras und knabbert Körner.
>
> Der Gärtner pflanzt einen Baum.
>
> Leonie führt den Hund an der Leine aus.

2 ✏ Sortiere die Nomen aus **1**.

> Es sind je drei Nomen.

Menschen			
Tiere	Pferd		
Pflanzen			
Dinge			

3 ✏ Schreibe weitere Nomen auf. 📖

Bestimmte und unbestimmte Artikel (Begleiter) unterscheiden

1 👄 Erzähle.

Schau mal, ich habe ein Heft gefunden.

Schau mal, ich habe das Heft von Jonas gefunden.

☐ ☐

2 ✏ Ordnet die beiden Sätze den Sprechblasen zu:

Satz 1: Tim hat irgendein Schreibheft gefunden.

Satz 2: Nico hat ein bestimmtes Schreibheft gefunden.

Es gibt bestimmte und unbestimmte Artikel:
der, die, das sind **bestimmte Artikel**,
ein, eine sind **unbestimmte Artikel**.

3 ✏ Schreibe mit dem bestimmten und dem unbestimmten Artikel zum Bild.

die Ente	🦆	eine
das	🏠	
	🍏	
	📦	
	🥬	

Sprache untersuchen — Wortarten bestimmen: Artikel kennen (unbestimmt, bestimmt); sprachliche Begriffe/Strukturen kennen und anwenden: Artikel kennen

Zusammengesetzte Nomen bilden

1 ✏ Schreibe zusammengesetzte Nomen.

Schirm — der Regenschirm
Bogen — der Regen
Tropfen — der
Wolke — die

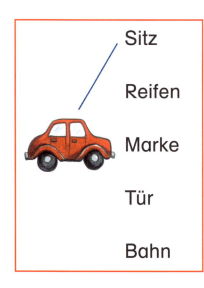

Sitz — der Autositz
Reifen — der Auto
Marke — die
Tür — die
Bahn — die

Aus mehreren Nomen (Substantiven) kann man **zusammengesetzte Nomen** (Substantive) bilden.

2 ✏ Welche Nomen stecken in den Wörtern? Markiere.

| Brot\|dose | Baumkrone | Haustür | Brieffreund |
| Spiegelei | Postkarte | Nudelsalat | Tafelkreide |

Sprache untersuchen — sprachliche Strukturen kennen und anwenden: Zusammensetzungen (Nomen/Nomen) kennen und bilden

Zusammengesetzte Nomen (Substantive) bilden

1 ✏ Welche Nomen stecken in diesen zusammengesetzten Nomen?

der Spielplatz = das **Spiel** + der **Platz**

die Haustür = das _____ + die _____

das Schlosstor = das _____ + das _____

die Feuerleiter = das _____ + die _____

der Autoreifen = das _____ + der _____

der Fenstergriff = das _____ + der _____

das Stuhlbein = der _____ + das _____

2 ✏ Welche Nomen stecken in diesen zusammengesetzten Nomen?

Sommerferienende:

der Sommer, die

Fußballspieler:

Apfelsaftschorle:

Satzgrenzen erkennen und Satzschlusszeichen setzen

1 🖉 Markiere die Satzgrenzen. Setze die Satzschlusszeichen.

wir wollen Verstecken spielen .| Kommt jetzt wer fängt an Ali und Momo spielen mit dem Ball

2 🖉 Schreibe die Sätze mit Satzzeichen richtig auf.

Am Ende eines Satzes steht ein **Satzzeichen**.
Jeder Satz beginnt mit einem großen Anfangsbuchstaben.

Das ist mein Bruder. Wo ist deine Schwester?

---

3 🖉 Finde die Satzgrenzen. Setze die Satzschlusszeichen.

heute scheint die Sonne .| die Blumen brauchen Wasser Mama holt den Gartenschlauch wer dreht das Wasser auf Mama spritzt Ina nass

4 🖉 Schreibe den Text aus **3**. Schreibe die Satzanfänge groß.

14 | Sprache untersuchen | sprachliche Strukturen kennen und anwenden: Satzschlusszeichen (Punkt, Fragezeichen), Satzart (Aussage-, Fragesatz) und Großschreibung am Satzanfang kennen

Abc (Alphabet) kennen

1 ✏ Trage die fehlenden Buchstaben ein.

A B C D F G I J L M N P Q S T V W Y

2 ✏ Markiere in ❶ A E I O U gelb.

3 ✏ Welche Buchstaben fehlen?

J K ___	P ___ R	B ___ ___	___ T ___
___ m ___	f ___ h	j ___ ___	___ p ___
___ b ___	v ___ x	r ___ ___	___ i ___

4 ✏ Löse das Abc-Rätsel.

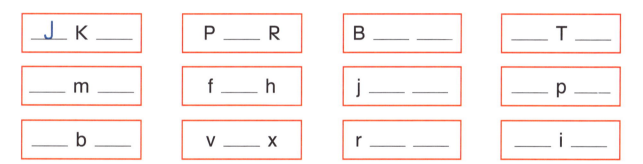

B
A 2 C 4 5 F G 8 I J 11 L M 14 O P Q R S T U V W X Y Z

Lösungssatz: 9 3 8 11 5 14 14 5 4 1 19 1 2 3

I___ ___ ___ ___ ___ ___ ___ ___ ___ ___ ___

Das **Abc** hat 26 Buchstaben. Es heißt auch **Alphabet**.
A/a, E/e, I/i, O/o, U/u sind **Selbstlaute** (Vokale).
Die anderen Buchstaben sind **Mitlaute** (Konsonanten).

Selbstlaute (Vokale) kennen

1 👁 Lies die Wörter mit Silbenbögen.

> Jede Silbe hat einen Selbstlaut.

| Schulbusse | Regenpause | Klettergerüst |
| Klassenregeln | Freundebuch | Silbenspiele |

2 ✏ Setze die fehlenden Selbstlaute ein.

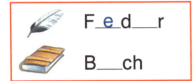
F_e_d__r
B__ch

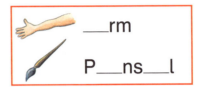
__rm
P__ns__l

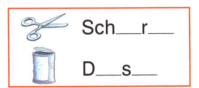
Sch__r__
D__s__

Ä/ä, Ö/ö und **Ü/ü** sind **Umlaute**.
Ai/ai, Au/au, Äu/äu, Ei/ei, Eu/eu sind **Zwielaute**.

---

3 ✏ Setze die Umlaute ä, ö und ü richtig ein.

B_ä_chlein	s__ß	S__hne
sch__n	H__hle	S__ge
H__te	Tr__ne	T__r

> ä, ö und ü kommen alle 3-mal vor.

4 ✏ Markiere in den Wörtern alle Zwielaute.

| (Auto) | Seil | heute | Sträucher | laut | neu | Eimer | Bäume | Maus |

5 ✏ Finde weitere Wörter mit Zwielauten.

Wörter mit ie und i mitsprechen

1 👁 Lies laut. Achte auf die erste Silbe.
Was fällt dir auf?

Steht am Ende der Silbe ein Selbstlaut, ist die Silbe offen. Der Selbstlaut davor wird lang gesprochen.

Steht am Ende der Silbe ein Mitlaut, ist die Silbe geschlossen. Der Selbstlaut davor wird kurz gesprochen.

2 ✏ ie oder i? Lies mit Silbenbögen.

| r_ie_chen | L__ste | St__fel | tr__nken |

| S__lbe | l__ben | Sp__gel | R__se |

Höre ich am Ende der Silbe ein **i**,
schreibe ich meistens **ie**. siegen – singen

3 ✏ Trage die Wörter aus **2** in die Tabelle ein.

Der Selbstlaut ist am Ende der Silbe. Die Silbe ist offen.	Am Ende der Silbe ist kein Selbstlaut. Die Silbe ist geschlossen.
riechen	

Schwierige Mitsprechwörter

1 👁 Lies mit Sil**ben**bö**gen**.
Kre**ise** dei**ne** schwie**ri**gen Mit**sprech**stel**len** ein.

Sei schlau, sprich ge**nau**!

w⌒a⌒rten	merken	Fernseher	Garten	harken
parken	dürfen	lernen	turnen	fertig
drehen	blühen	stehen	Truhe	gehen
wehen	sehen	ziehen	Schuhe	Kühe

2 ✏ ß oder s? Sprich deut**lich**. Ü**ber**prü**fe** mit Sil**ben**bö**gen**.

Spie⌒ß⌒e	Na__e	Stra__e
Ha__e	Fü__e	Ho__e
flie__en	ra__en	schlie__en	le__en	drau__en
gie__en	lei__e	bei__en	lö__en	sto__en

3 ✏ Schrei**be** die Wör**ter** mit ß aus **2** ab.

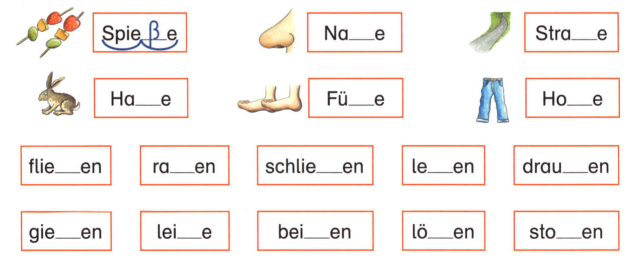

18 Richtig schreiben   an Wörtern arbeiten: Wörter sammeln; Rechtschreibstrategien anwenden: Mitsprechen; rechtschreibwichtige Wörter kennen: Wörter mit r, h, ß, s, st, sp

Schwierige Mitsprechwörter

1 **sp** oder **st**?
✏️ Lies mit Silbenbögen.

> Aufgepasst, ich schreibe anders als ich spreche.

| springen | stehen | __reicheln | __ielen | __ellen | __ülen |
| __olpern | __arren | __rechen | __aren | __ricken | __üren |

2 ✏️ Trage die Wörter aus **1** in die Tabelle ein.

Wörter mit sp	Wörter mit st
springen	stehen

3 ✏️ Finde Nomen mit Sp und St.

Sp:

St:

Richtig schreiben · an Wörtern arbeiten: Wörter sammeln; Rechtschreibstrategien anwenden: Mitsprechen; rechtschreibwichtige Wörter kennen: Wörter mit qu, tz, ck, Doppelkonsonanten

Schwierige Mitsprechwörter

1 **K** oder **Qu**? Sprich deutlich.
✏ Schreibe auf.

Hier sprichst du anders, als du schreibst.

 Qualm   ___uchen   ___elle

 ___eks   ___alle   ___atze

 ___ark   ___artett   ___erze

2 ✏ **k** oder **qu**? Sprich deutlich. Schreibe auf.

qu_ieken   ___lettern   ___lein   ___aken

3 ✏ Lies mit Silbenbögen. Markiere tz.

Tatze   Katze   Fratze   Pfütze   Mütze

kratzen   schmatzen nutzen   schützen   putzen

4 ✏ Lies mit Silbenbögen. Markiere ck.

Schnecke   Flocke   Glocke   Jacke   Socken

schmecken lecken   trocken   meckern   zuckern

5 ✏ Schreibe Wörter aus **3** und **4**. 📖

Schwierige Mitsprechwörter

1 ✎ Schreibe die Reimwörter. Markiere.

Schiffe	Nüsse	Ratte	Hammer
Griffe	Fl_____	M_____	K_____
R_____	K_____	Pl_____	Kl_____

Betten	Puppe	Kanne	Klasse
Ketten	S_____	T_____	T_____
Kl_____	Gr_____	W_____	G_____

2 ✎ Schreibe die ich-Form auf.

fallen – ich falle essen – _____

brüllen – _____ kennen – _____

kippen – _____ schütten – _____

3 ✎ Schreibe die du-Form auf.

kommen – du kommst sollen – _____

wetten – _____ trennen – _____

schaffen – _____ rennen – _____

kennen – _____ stellen – _____

rollen – _____ bellen – _____

Sternenforscher-Seiten

1 👄 Erzähle.

"Wenn ich genau in Silben spreche, kann ich viele schwierige Stellen hören."

"Genaues Mitsprechen, das kennen wir schon."

2 👁 ✏ Lies die Wörter mit Silbenbögen.
Markiere die schwierigen Stellen. Ordne die Begründungen zu.

| ziehen |
| warten |
| Straße |
| Quelle |
| spucken |
| Katze |

- Ich spreche **scht** und schreibe **st**.
- Ich kann das **r** nicht hören.
- Ich höre das **h** nur, wenn ich genau in Silben lese.
- Da hört man **kk**, aber man schreibt **ck**.
- Ich spreche **schp** und schreibe **sp**.
- Ich höre **kw**, aber man schreibt immer **Qu/qu**.
- Ich muss das **ß** zu Beginn der Silbe zischend aussprechen.
- Da hört man **zz**, aber man schreibt **tz**.

"Manche Wörter haben mehrere schwierige Stellen: gießen"

S. 19 **3** Führt ein Rechtschreibgespräch.

Rechtschreibgespräch   KH S. 19
1. Ich lese das Wort meinem Partnerkind vor.
2. Wir sprechen über schwierige Stellen und erklären sie.
3. Wir wechseln uns ab.

Sternenforscher-Seite | Rechtschreibstrategien anwenden: Mitsprechen | > Rechtschreibgespräch, KH S. 19

1 👁 Lies mit Silbenbögen.

drehen	Garten
Quadrat	Spieße
jucken	putzen
fliehen	Strauch

Wir müssen deutlich mitsprechen.

Hier spreche ich anders als ich schreibe.

2 ✏ Kreise deine schwierigen Stellen ein.

3 Führt ein Rechtschreibgespräch.

4 ✏ Schreibe die Wörter aus **1** als ☐ Abschreibwörter ☐ Schleichdiktat.

S. 19

5 ✏ Schreibe auf.
Markiere deine schwierige Stelle grün.

Sternenforscher-Seite | Rechtschreibstrategien anwenden: Mitsprechen | > Rechtschreibgespräch, KH S. 19

Deutschland

Deutsch

Großbritannien

Englisch

die Sprache

die Sprachen

die Fremdsprache

der Unterschied

Ich komme aus …

Ich spreche …

Unterschiedlich ist …

Gleich ist …

Ähnlich ist …

Manche Wörter aus verschiedenen Sprachen sind sich ähnlich.

Sprachen vergleichen

1 Lies und erzähle.

Mein Hut, der hat drei Ecken

Deutsch

Mein Hut, der hat drei Ecken,

drei Ecken hat mein Hut.

Und hätt er nicht drei Ecken,

dann wär er nicht mein Hut.

Englisch

My hat, it has three corners,

three corners has my hat.

And had it not three corners,

it would not be my hat.

2 Findet für die markierten Wörter die englischen Wörter. Markiere sie.

3 Schreibe die Wörter in die Tabelle.

🇩🇪	mein	Hut	drei	Ecken
🇬🇧	my			

4 Vergleicht die Wörter. Was fällt euch auf?

24 Sprechen und Zuhören Gemeinsamkeiten und Unterschiede von Sprachen entdecken: Deutsch – Fremdsprachen/Nachbarsprachen

Mehrdeutigkeit von Sprachen kennen

1 👄 Erzähle.

Mama, wo ist mein Schlüssel?

Hast du Tomaten auf den Augen?

2 Was meint Timos Mutter? Erklärt. 👥

3 👁 ✏ Lies die Sätze.
Was gehört zusammen?
Markiere jeweils in der gleichen Farbe.

Mach doch nicht aus einer Mücke einen Elefanten!	Merk dir das!
Schreib dir das hinter die Ohren!	Du hörst wohl schlecht!
Du hast wohl Bohnen in den Ohren!	Übertreib nicht so stark!

4 Erzähle. 👥

Midd de Henna ens Neschd ond middam Goggl widdr naus.

Das bedeutet: Mama geht früh schlafen und steht früh wieder auf.

---

die Redewendung

die Bedeutung

bedeuten

Das bedeutet …

Was bedeutet

… Bohnen in den Ohren haben?

… Tomaten auf den Augen haben?

… sich etwas hinter die Ohren schreiben?

der Dialekt

die Mundart

Das ist ein Dialekt (eine Mundart). So spricht man in Schwaben.

Sprechen und Zuhören — zu anderen sprechen: Wirkung der Redeweise kennen (Redewendungen); Gemeinsamkeiten/Unterschiede von Sprache im Umfeld entdecken: Deutsch/Regionalsprachen

Mit Sprache experimentieren

1 👁 Lest mit verteilten Rollen.

Vater: Stell dir vor, eben im Supermarkt war eine riesige Schlange vor der Kasse.

Mutter: O mein Gott! Das ist ja lebensgefährlich. Hat jemand einen Tierfänger gerufen?

Vater: Wie bitte? Nein, ich habe mich hinten angestellt!

2 Warum ist die Mutter so erschrocken? Erklärt.

3 👁 Wie heißt das Teekesselchen? Lies.

Manche Wörter haben mehrere Bedeutungen. Damit kann man Teekesselchen spielen.

Auf meinem Teekesselchen kann man sich ausruhen.

Mein Teekesselchen gibt es in jeder Stadt.

Mein Teekesselchen steht in jedem Park.

In meinem Teekesselchen kann man Geld abheben.

Das Teekesselchen heißt _____ .

4 Spielt Teekesselchen:

 Pony   Boxer  Hahn

5 👄 Präsentiert euer Teekesselchen.

Über Lernen sprechen (Gruppenarbeit)

1 👄 Erzähle.

2 ✏️ Sammele Regeln für die Gruppenarbeit.

3 ✏️ Gestaltet ein Plakat mit euren Regeln für die Gruppenarbeit.

4 👄 Wie war eure Gruppenarbeit von S. 26? Berichtet.

Eine Lügengeschichte planen und schreiben

1 Lies und erzähle.

Warum kommst du so spät?

Also: Kurz vor der Schule rannte mich ein Bär um. Ich fiel hin und dabei flog mein Frühstück aus der Schultasche. Der Bär schnappte es sich und wollte damit weglaufen. Doch ich habe ihm ein Bein gestellt. Das Brot flog durch die Luft. Ich fing es und lief weg. Und weil ich so schnell laufen kann, bin ich jetzt schon hier.

2 Welches Problem hat der Junge? Erklärt.

3 Die Lehrerin glaubt dem Jungen nicht. Erklärt.

Das ist eine Lügengeschichte: Sie ist übertrieben und unlogisch. So etwas kann gar nicht passiert sein!

4 Plant eine Lügengeschichte. Entscheidet euch für eine Schreibidee. Sammelt Ideenblitze.

☐ zu spät zur Schule gekommen

☐ keine Hausaufgaben gemacht

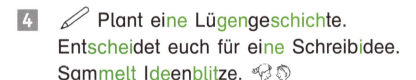

Schreibplan
Schreibidee:
Ideenblitze:
Anfangssatz:
Was nun? Was nun? Was nun?
Ende:
Überschrift:

5 Plane deine Lügengeschichte. Erstelle einen Schreibplan.

Eine Lügengeschichte überarbeiten S

1 👁 Lies laut.

> Nacht ✓
>
> In der kommen Feen aus meiner Tapete.
>
> Sie wollen mit mir.
>
> Wir meine Spiele aus dem Regal.
>
> Morgens sie wieder in die Tapete.
>
> Ich musste erst mein Zimmer.
>
> Deshalb komme zu spät in die Schule.

2 👄 Was fällt euch auf?

3 👁 👄 Ole, Tim und Sina nehmen die Lügengeschichte aus ❶ unter die Lupe. Erzähle.

Namen der Textforscher	Das finde ich gut.	Dazu habe ich Fragen. Hier fällt mir etwas auf.	Tipps ...
Ole	Die Geschichte ist witzig.		
Tim	Der Text ist in der Ich-Form geschrieben.	Einige Sätze sind nicht vollständig.	Überprüfe jeden Satz durch lautes Lesen.
Sina	Es gibt verschiedene Satzanfänge.		

Textlupe S: vollständige Sätze.

4 Überarbeitet die Lügengeschichte aus ❶.

Nacht   spielen   holen   krabbeln   aufräumen   ich

Texte verfassen — Texte überarbeiten: Texte im Hinblick auf richtigen Satzbau überarbeiten; Arbeitstechniken nutzen: Texte auf ihre Richtigkeit überprüfen (Textlupen) — > Textlupen, KH S. 17 > Texte überarbeiten, KH S. 17

Lügengeschichten überarbeiten S

1 👁 Lies laut. Was fällt dir auf?

> Gestern Abend sah ich einen lustigen ✓ Film
>
> im Fernsehen.
>
> Zwerge spielten Fußball. Plötzlich
>
> ein Zwerg aus dem Fernseher.
>
> Ich sollte Torwart. Schnell holte ich.
>
> Das Spiel bis spät in die Nacht.
>
> Ich habe mit meiner Mannschaft.
>
> kletterte ich wieder in mein Zimmer.
>
> Ich legte mich in mein.
>
> Leider habe ich und komme zu spät
>
> in die Schule.

2 ✏ Welche Lupe wurde nicht beachtet?

S. 17 **3** ✏ Überarbeite die Lügengeschichte aus **1**.
Du kannst diese Wörter nutzen:

| Film | kletterte | sein | Bett | Handschuhe |
| dauerte | morgens | verschlafen | gewonnen |

30 Texte verfassen | Texte überarbeiten: Texte im Hinblick auf richtigen Satzbau überarbeiten; Arbeitstechniken nutzen: Texte auf ihre Richtigkeit überprüfen (Textlupen) | > Texte überarbeiten, KH S. 17

Adjektive kennen

1 👁 👄 Erzähle. Ordne zu.

| **3** Der rote Ball fliegt in die Luft. | **2** Die Frau trägt die runde Brille. | **1** Das Kind hält das kurze Seil. |

2 ✏ Schreibe die fehlenden Sätze mit diesen Adjektiven auf.

| lang | eckig | blau |

Adjektive sagen, wie etwas ist.

Das Kind hält _____

3 👁 ✏ Lies die Sätze. Markiere die Adjektive.

| Das Seil ist lang. | Sie findet das lange Seil. |
| Die Bäume sind groß. | Bu mag große Bäume. |

Adjektive beschreiben Nomen genauer. Sie verändern sich, wenn sie vor Nomen stehen. lang — das lange Seil

Adjektive kennen

1 👁 ✏ Lies. Setze passende Adjektive ein. | klein | rot | hart |

Der Ball ist **rot**.   der **rote** Ball

Das Kind ist _____.   das _____ Kind

Der Stein ist _____.   der _____ Stein

2 ✏ Setze die Adjektive vor die Nomen.

Der Himmel ist blau.   der blaue Himmel

Die Blumen sind bunt.   _____

Der Weg ist breit.   _____

3 ✏ Setze die Adjektive passend ein.

Nila spielt auf dem __**großen**__ Spielplatz.
                        groß

Sie hört viele _____ Sprachen.
                   fremd

Sam spricht die _____ Sprache.
                   englisch

Zwei Kinder essen _____ Schokolade.
                      süß

Nila schleckt _____ Eis.
                  kalt

Sam trinkt _____ Tee.
               heiß

32 | Sprache untersuchen | sprachliche Begriffe/Strukturen kennen und anwenden: Adjektive kennen (Funktion, Flexion)

Adjektive mit ig und lich kennenlernen

1 ✏️ Welche Wörter gehören zusammen? Markiere jeweils in der gleichen Farbe.

> Der Wortstamm ist der Teil eines Wortes, der meistens gleich bleibt.

freundlich	schmutzig	witzig
das Glück	der Freund	saftig
der Witz	der Saft	durstig
glücklich	der Schmutz	der Durst

2 ✏️ Markiere den Wortstamm in den Wörtern in ①.

Was bleibt übrig? ▢ ▢

3 ✏️ Schreibe die Wörter, die zusammengehören, auf.

Wörter sind aus Wortbausteinen zusammengesetzt.
Manche Adjektive haben die Endung ig oder lich.
das Glück – glücklich, der Dreck – dreckig

4 ✏️ Schreibe ig oder lich. Kontrolliere mit der Wörterliste.

lustig S.___	wicht___ S.___	glück___ S.___
ehr___ S.___	fröh___ S.___	mut___ S.___
wind___ S.___	herr___ S.___	durst___ S.___

Adjektive mit ig und lich kennenlernen

1 ✏️ Markiere die Wortbausteine am Ende: ig lich.

lust**ig**	windig	dreckig	traurig
richtig	mutig	natürlich	ängstlich
pünkt**lich**	glücklich	gefährlich	langweilig
kräftig	steinig	täglich	kindlich

2 ✏️ Schreibe zu jedem Nomen das passende Adjektiv. 📖
Markiere den Wortbaustein am Ende: ig.

der Dreck — dreck**ig**   die Lust — _____
das Gift — _____   der Wind — _____
der Fleiß — _____   der Schmutz — _____
die Kraft — _____   der Stein — _____

3 ✏️ Schreibe zu jedem Nomen das passende Adjektiv. 📖
Markiere den Wortbaustein am Ende: lich.

das Herz — herz**lich**   der Sport — _____
das Glück — _____   die Angst — _____
die Gefahr — _____   der Herr — _____
der Tag — _____   das Kind — _____

34 Sprache untersuchen | sprachliche Begriffe/Strukturen kennen und anwenden: Adjektive mit -ig und -lich kennen; an Wörtern arbeiten: Möglichkeiten der Wortbildung kennen (Wortbausteine) | > Wörterliste, KH S. 2–11

Sätze umstellen

1 👄 Erzähle.

2 ✏️ Stelle den Satz um. Schreibe ihn auf.

In Deutschland

3 👁 Lies die Sätze der anderen Kinder.

> Einige Wörter bleiben in Sätzen immer zusammen.

4 ✏️ Schreibe zwei verschiedene Möglichkeiten auf. Vergleicht. Was fällt euch auf?

Eine neue Sprache

Salma

Sprache untersuchen — sprachliche Strukturen kennen und anwenden: Satzglieder kennenlernen; an Sätzen arbeiten: sprachliche Operationen nutzen (umstellen)

Sätze umstellen

1 👁 ✏ Lies. Bilde einen Satz. Schreibe auf.

| besuchte | ein | Fußballspiel | gestern | Dario |

Gestern _____
_____ .

2 ✏ Stelle den Satz aus **1** zweimal um.

Dario _____
_____ .

Besuchte _____
_____ ?

3 ✏ Stelle den Satz zweimal um. Markiere, was zusammenbleibt.

| Salma und Marie | im Schwimmbad | am Sonntag | waren |

Salma und Marie _____
_____ .

Am Sonntag _____
_____ .

36 | Sprache untersuchen | sprachliche Strukturen kennen und anwenden: Satzglieder kennenlernen; an Sätzen arbeiten: sprachliche Operationen nutzen (umstellen)

Fremdwörter merken

1 👄 Erzähle.

Was ist eine Jeans?

Eine Jeans ist eine Hose aus Baumwollstoff.

2 👁 🔗 Lies und verbinde. 🧑‍🤝‍🧑

Biathlon	Schwimmbecken
Computer	Sportart
Chaos	Hose aus Baumwollstoff
Jeans	völliges Durcheinander
Pool	elektronische Datenverarbeitungsmaschine

3 👁 ✏ Lies. Markiere in den Wörtern den 3. Buchstaben.

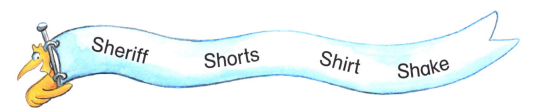

Sheriff   Shorts   Shirt   Shake

Wenn der zweite Buchstabe gleich ist, schaue ich mir den nächsten Buchstaben an und so weiter.

4 ✏ Sortiere die Wörter aus **3** nach dem Abc.

1. _____   3. _____

2. _____   4. _____

5 ✏ Übe die Merkwörter dieser Seite.

S. 20

Wörter mit Aus- und Inlautverhärtung weiterschwingen

1 👄 Erzähle.

2 ✏️ Schwinge weiter: Bilde die Mehrzahl der Nomen. Schreibe auf.

Strand — Strände Wald —
Brand —   Hand —

3 ✏️ Schwinge weiter: Bilde die Mehrzahl der Nomen. Schreibe auf.

Korb — Stab —
Dieb — Sieb —

4 ✏️ Schwinge weiter: Bilde die Mehrzahl der Nomen. Schreibe auf.

Zug — Burg —
Zwerg — Tag —

Bei Nomen hilft die Mehrzahl.

Wenn ich bestimmte **Laute** höre (t/d, k/g, p/b), muss ich weiterschwingen. Strand — Strände

Wörter mit Aus- und Inlautverhärtung weiterschwingen

1 🖉 Schwinge die Adjektive weiter.

gel ᵖ/b	der _gelbe_ Stein
frem ᵗ/d	das _____ Wort
run ᵗ/d	der _____ Ball
wil ᵗ/d	der _____ Hund

Meistens hilft mir ein Wort mit zwei Silben.

2 🖉 Schreibe einen Satz mit einem Adjektiv aus **1**.

_____

3 🖉 Schwinge die Verben weiter.
Bilde die wir-Form.

er le ᵖ/b t	_wir leben_	er pfle ᵏ/g t	_wir_ _____
er we ᵖ/b t	_wir_ _____	er den ᵏ/g t	_wir_ _____
er hu ᵖ/b t	_____	er win ᵏ/g t	_____

4 🖉 Schwinge weiter. Schreibe auf.

Das Ra ᵗ/d lehnt an der Wan ᵗ/d . _Räder_   _Wände_

Der Kor ᵖ/b ist gel ᵖ/b . _____ _____

Der Köni ᵏ/g ist kran ᵏ/g . _____ _____

Wörter mit Aus- und Inlautverhärtung weiterschwingen

1 👄 Erzähle.

2 ✏️ Zerlege die Nomen. Schwinge weiter.

Schreibheft — schreiben + das Heft

Schreibtisch —

Schreibstift —

Handschrift — die Hände + die Schrift

Handtasche —

Handtuch —

3 ✏️ Zerlege die Nomen. Schwinge weiter.

Bun~~d~~t stift — bunte + der Stift = der Buntstift

Lan~~d~~t karte —

Flu~~g~~k hafen —

Wörter mit Aus- und Inlautverhärtung weiterschwingen

1 ✏ Überprüfe die Wörter. Beweise und korrigiere.

Ali ü[p/b]t das Kopfrechnen.   üben, also übt

Nina fra[k/g]t die Lehrerin.

Salma he[p/b]t das Buch auf.

Michel we[p/b]t Teppiche.

Nila schrei[p/b]t im Heft.

2 ✏ Überprüfe die unterstrichenen Wörter. Beweise und korrigiere.

Wo finde ich Indien auf der Lantkarte?

Länder, also Land

Wie lange fliegt das Flugzeuk nach Indien?

Flugzeuge, also

Wie weit ist der Wek zur Schule?

Werden Tiger gejakt?

Sind Elefanten Wilttiere?

Sternenforscher-Seiten

1 Erzähle.

2 Mitsprechen oder Weiterschwingen?
Lies die Wörter und markiere die Aufpass-Stellen orange.
Ordne sie den Begründungen der Kinder zu.

| Tassen |
| Korb |
| Jacke |
| Stufen |
| jagt |
| stehen |
| wild |

- Ich sehe ein **b** und spreche ein **p**, da muss ich weiterschwingen.
- Doppelt gesprochen, heißt doppelt geschrieben.
- Ich sehe ein **d** und spreche ein **t**, also muss ich weiterschwingen.
- Ich sehe ein **g** und spreche ein **k**, da hilft mir Weiterschwingen.
- Ich höre das **h** nur, wenn ich genau in Silben spreche.
- In Silben hört man **kk**, aber man schreibt **ck**.
- Ich spreche **scht** und schreibe **st**.

S. 19 **3** Führt ein Rechtschreibgespräch.

S. 20 **4** Schreibe die Wörter aus **2** als
☐ Abschreibwörter ☐ Schleichdiktat ☐ Partnerdiktat.

1 👁 Lies.
👉 Verbinde mit dem passenden Stern.

Wochen		spricht
Deutschland		Schulhof
schauen		tobt
gelebt		springt

2 Führt ein Rechtschreibgespräch. 🗣🗣 S. 19

3 ✏ Überprüfe die Wörter. Wende den passenden Stern an.

Wort		Beweis
Wochen	🟢	Wochen
Deutschland	🟠	Länder, also d
gelebt		
Schulhof		
tobt		
springt		

4 ✏ Schreibe die Wörter aus **1** als   S. 20
☐ Abschreibwörter ☐ Schleichdiktat ☐ Partnerdiktat. 📓

Sternenforscher-Seite | Rechtschreibstrategien anwenden: Mitsprechen, Weiterschwingen | > Rechtschreibgespräch, KH S. 19
> Partnerdiktat, KH S. 20

Fachbegriffe kennen und erklären

Die Autorin/
der Autor
schreibt Bücher.

1 👄 Erzähle.

Der Titel ist der
Name des Buches.

Auf dem Cover ist
das Titelbild.

Das Titelbild macht
mich neugierig.

Ein Klappentext
beschreibt kurz
den Inhalt.

2 👁 ✏ Lies die Fachbegriffe. Ordne zu.

> ① Autorin/Autor   ② Klappentext
> ③ Verlag   ④ Cover*
> ⑤ Illustratorin/Illustrator ⑥ Titelbild

(*Cover – sprich: kawa)

Ein Verlag stellt
Bücher her.

3 👄 Wie suchst du ein Buch aus? Erzähle.

Die Illustratorin/
der Illustrator
zeichnet Bilder
für das Buch.

Über Bücher sprechen

1 👄 Erzähle.

Mein Lieblings-Buch ist …

Ich lese gerne
… Tierbücher.
… Abenteuer-Geschichten.
… etwas über Fußball.
… Comics.
… Geschichten für Mädchen/Jungen.
… Sachbücher.

Ich mag lieber
… gruselige Geschichten.
… Bücher mit Bildern.

Ich lese nicht gerne.

Ich lasse mir gerne vorlesen.

2 👁 Lies die Buchbeschreibungen.

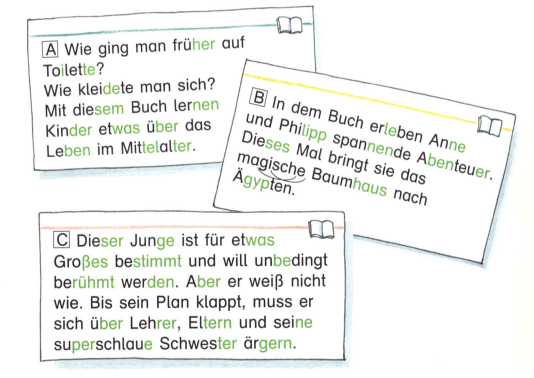

3 👄 ✏ Wer mag welche Bücher? Trage ein.

Sprechen und Zuhören | zu anderen sprechen: erzählen, informieren, argumentieren, Inhalte mit Fachbegriffen beschreiben (Buchgenres)

Über Lernen sprechen (Placemat*)

1 👁 Lies.

Die Klasse 3a will im Unterricht ein Buch lesen.
Die Kinder sammeln Vorschläge, welches Buch
sie gerne lesen wollen.
Das machen sie mithilfe
der **Placemat-Methode**.

Jedes Gruppenmitglied überlegt erst
einmal für sich.
Dann schreibt jeder zwei Vorschläge
in das Feld, das vor ihm liegt.
Jamal notiert in seinem Feld Krimi
und Abenteuergeschichten.

Nachdem jeder in seinem Feld
etwas notiert hat,
stehen alle auf und lesen die Vorschläge
der anderen Gruppenmitglieder.

Die Kinder besprechen die Vorschläge.
Was wurde am häufigsten genannt?
Dies notieren sie als Ergebnis
ihrer Gruppenarbeit in der Mitte.

*Placemat–sprich: pläjsmett

Mit einem **Placemat**
kann ich Ideen sammeln.

2 Erkläre die **Placemat-Methode**. 🗣

Eine Person beschreiben

1 🗨 Beschreibe Kalle Blomquist.

Informationen:	Kopf:	Körper:	Kleidung:
Junge	blonde Haare	schlank	blaue Hose
13 Jahre	schmaler Mund	lange	gestreiftes Shirt
Lupe	lange Nase	Beine	braune Schuhe
neugierig	dunkle Augen		

2 👁 ✏ Ergänze den Steckbrief. Nutze die Wörter aus **1**.

Steckbrief

Name: Kalle Blomquist
Geschlecht: _____
Alter: _____
Gesicht: länglich
Nase: _____
Mund: _____
Augen: _____
Haare: _____
Körper: _____
Kleidung: _____
_____
Schuhe: _____
Besondere Merkmale: _____
_____

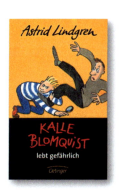

Eine Person beschreiben

1 Beschreibe.

Bosse   Ole   Lasse   Lisa   Inga   Britta

2 Lies die Personenbeschreibung. Markiere im Text.

Informationen: Geschlecht, Alter, besondere Merkmale	Kopf: Nase, Mund, Augen, Haar	Körper: Arme, Beine, Bauch	Kleidung: Schuhe, Hose, Kleid

Meine Person ist ein Mädchen, etwa 9 Jahre alt.
Ihr Körper ist schlank. Sie hat rotblonde Haare.
Unter ihrer kleinen Stupsnase erkennt man
einen breiten Mund mit großen weißen Zähnen.
Das Mädchen trägt ein blaues Kleid
und eine weiße Schürze. Sie hat braune Schuhe an.
Ihre grauen Kniestrümpfe sind heruntergerutscht.

> Beschreibe genau. Beschreibe von oben nach unten.

3 Welches Kind aus ❶ ist gemeint?

4 Beschreibe ein weiteres Kind aus ❶.

Eine Personenbeschreibung überarbeiten

1 👁 Lies. Was fällt dir auf?

Karlsson vom Dach

Karlsson ist ein Mann im mittleren Alter.
    Er
~~Karlsson~~ ist klein und dick.

Karlsson hat schwarze, strubbelige Haare.

Karlsson hat ein rundes Gesicht.

Karlsson hat eine knubbelige Nase.

| die Person |
| der Mann |
| er |

2 ✏ Überarbeite mit der Text-Lupe W.

3 👄 Die Klasse 3b arbeitet auch mit der Text-Lupe. Erzähle.

Das finde ich gut.	Hier fällt mir etwas auf.	Tipps
Du hast die Person von oben nach unten beschrieben.	Du hast sehr viele Wörter wiederholt.	Stelle deine Sätze um. Du vermeidest Wiederholungen.

4 ✏ Setze ein. W

Die Person hat kleine Augen.

    trägt
Karlsson ~~hat~~ ein kariertes Hemd.

Außerdem hat er eine blaue Latzhose an.

Der Mann hat gestreifte Socken an.

Er hat einen Propeller auf dem Rücken.

| trägt |
| ist bekleidet mit |
| stecken |
| trägt |
| man sieht |

5 ✏ Schreibe den überarbeiteten Text auf.

Texte verfassen   Texte überarbeiten: Texte (fremde und eigene) an der Schreibaufgabe überprüfen; Arbeitstechniken nutzen: Texte auf ihre Richtigkeit überprüfen (Textlupen)   > Textlupen, KH S. 17

Eine Personenbeschreibung überarbeiten

1 👁 Lies. Nimm die Personenbeschreibung unter die Lupe.

Jan ist acht Jahre alt.

Jan ist groß und dünn.

Auf seiner Nase hat Jan Sommersprossen.

Jan hat blonde, lockige Haare.

Jan hat meistens ein T-Shirt,

eine blaue Hose und

eine braune Jacke an.

An den Füßen hat Jan graue Socken

und blaue Schuhe.

| der Junge |
| er |
| trägt |
| sieht man |
| befinden sich |
| sind |

2 ✏ Überarbeite die Personenbeschreibung. Wähle aus.

S. 17

_____Jan_____ ist acht Jahre alt.	~~Jan~~ Er Der Junge
_____ ist groß und dünn.	Jan Er Der Junge
_____ hat blonde, lockige Haare.	Jan Er Der Junge

Auf seiner Nase _____ Sommersprossen.   sieht man   erkennt man

Jan _____ meistens ein T-Shirt,   trägt   mag   hat

eine blaue Hose und eine braune Jacke.

An den Füßen _____ der Junge   hat   trägt

graue Socken und blaue Turnschuhe.

Personalpronomen kennenlernen

1 👁 Lies.

> Michel wohnt in dem Dorf Lönneberga.
>
> Michel hat eine kleine Schwester.
>
> Michel liebt seine blaue Mütze.
>
> Michel macht gerne Unfug.

Nomen kannst du durch **Pronomen** ersetzen.

2 👄 Was fällt euch auf?

> Das alles sind **Pronomen**:
> ich – du – er/sie/es **(Einzahl)**,
> wir – ihr – sie **(Mehrzahl)**.
> Klein-Ida spielt mit Michel. – Sie spielt mit Michel.
> Michel ist fünf Jahre alt. – Er ist fünf Jahre alt.

3 ✏ Setze die richtigen Pronomen ein.

__Er__ schnitzt gerne Holz.
Michel

_____ ist sehr scharf.
Das Messer

_____ sieht gerne dabei zu.
Klein-Ida

_____ mögen einander sehr.
Die Kinder

_____ passt auf Klein-Ida auf.
Der Bruder

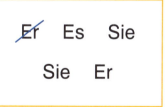

E̷r̷ Es Sie
Sie Er

Personalpronomen kennenlernen

1 ⮕ Ordne zu.

| ich | du | er | es | ihr | wir | sie |

| malt | malst | male | malt | malt | malen | malen |

ich male, du

2 👁 ✏ Lies und setze ein:

| ~~sie~~ | sie | sie | ihr | er | er | er | er |

Die Svenssons wohnen im Dorf Lönneberga.

___Sie___ wohnen auf dem Hof Katthult.
Die Svenssons

Der Sohn macht viel Quatsch. _____ heißt Michel.
                                Der Sohn

Die Tochter ist ist brav. _____ heißt Ida.
                          Die Tochter

Alfred arbeitet im Stall oder auf dem Feld.

____ ist sehr fleißig.
Alfred

Michel macht viel Unsinn.

Dann muss ____ in den Schuppen.
          Michel

Michel schnitzt dort Holzmännchen.

____ hat schon eine ganze Sammlung.
Michel

52 | Sprache untersuchen | an Sätzen und Texten arbeiten: Nomen durch Pronomen ersetzen; die Textproduktion durch Anwenden sprachlicher Operationen unterstützen

Personalformen von Verben bilden

1 Verbinde und ergänze die richtige Endung.

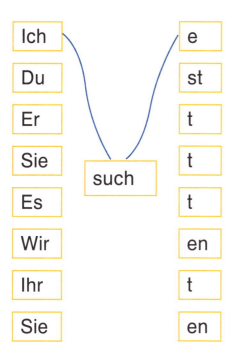

Ich	e
Du	st
Er	t
Sie	t
Es	t
Wir	en
Ihr	t
Sie	en

Ich_ suche_ ein Buch.
Du_ such_ ein Buch.
___ such_ ein Buch.
___ such_ ein Buch.
___ such_ ein Buch.
___ such_ ein Buch.
___ such_ ein Buch.
___ such_ ein Buch.

Verben verändern sich:
Ich schreibe.
Du schreibst.
Wir schreiben.

Einzahl oder Mehrzahl:
sie oder sie.

> Verben können in der **Grundform** oder in einer **Personalform** stehen.
> Die **Personalform** richtet sich danach, **wer** etwas tut.
> Grundform: singen
> Personalformen: ich singe, du singst, er/sie/es singt, wir singen, ihr singt, sie singen

2 Markiere in **1** das Pronomen und die Endung des Verbes.

3 Schreibe das Verb in der ich-, du- und wir-Form auf.

schreiben: ich schreibe, _____

rollen: _____

sitzen: _____

Sprache untersuchen | sprachliche Begriffe/Strukturen kennen und anwenden: Personalformen des Verbs (regelmäßig) kennen

Wortstamm von Verben bestimmen

1 ✏ Welche Verbformen gehören zusammen? Markiere.

singen	es liebt	er singt	ich liebe
du liebst	ihr singt	lieben	sie singen
sie lieben	ich singe	ihr liebt	du singst

2 ✏ Ordne die Verben aus ①. Markiere jeweils den Wortstamm.

singen: er sing̲t,

lieben:

3 ✏ Setze ein.

Die Kinder der 3c __singen__ gerne.
_{singen}

Besonders _____ sie Raps.
_{lieben}

Karlo _____ besonders laut.
_{singen}

Sina _____ besonders hoch.
_{singen}

Sina _____ die Chor-AG.
_{lieben}

~~singen~~
lieben
singt
singt
liebt

54 | Sprache untersuchen | sprachliche Begriffe/Strukturen kennen und anwenden: Wortstamm (Verb) bestimmen; an Wörtern arbeiten: Wörter strukturieren

Vorsilben von Verben bestimmen

1 ✏ Male die Vorsilben in gleicher Farbe an:

| ab | auf | vor | ver | weg |

> Manche vorangestellte Wortbausteine können getrennt vom Verb stehen.

vorgeben   aufhören   aufgeben   verhören   vorstellen
wegstellen   abgeben   verstellen   weghören

2 ✏ Schreibe die Verben auf.

geben: vorgeben,

stellen:

hören:

3 👁 Lies die Sätze. Was fällt dir auf?

Ich soll die Aufgabe abschreiben.   Ich schreibe die Aufgabe ab.

Ich soll das Bild bunt anmalen.   Ich male das Bild bunt an.

4 👁 ✏ Lies und markiere die beiden Teile des Verbs.

anmalen: Ich male die Blume mit vielen Farben an.
abmalen: Im Sachunterricht malen wir eine Pflanze ab.
ausmalen: Ich male sie in verschiedenen Farben aus.
anhören: Jonas hört sich eine CD an.
zuhören: Samira hört der Lehrerin zu.

5 ✏ Schreibe einen eigenen Satz mit **absagen**.

| Sprache untersuchen | sprachliche Begriffe/Strukturen kennen und anwenden: vorangestellte Wortbausteine (Verb) bestimmen | 55 |

Unregelmäßige Verben kennenlernen

1 Welche Verbformen gehören zusammen? Verbinde.

treffen	es hält	nehmen
helfen	sie trifft	dürfen
sehen	er darf	sie hilft
halten	sie sieht	er nimmt

Manche Verben ändern im Wortstamm ihren Selbstlaut (Vokal).
wir **tragen** – du **trägst**

2 Was fällt euch auf?

Unregelmäßige Verben können in einigen Personalformen den **Wortstamm** verändern.
geben: ich gebe, du gibst, er gibt, wir geben, ihr gebt, sie geben

In regelmäßigen Verben bleibt der Wortstamm immer gleich.
sagen: ich sage, du sagst, sie sagt, wir sagen, ihr sagt, sie sagen

---

3 Verbinde passend.

helfen

ich	hilfst
du	hilft
er	helfe
sie	hilft
es	helfen
wir	hilft
ihr	helfen
sie	helft

sehen

ich	sieht
du	sehe
er	siehst
sie	sieht
es	sieht
wir	seht
ihr	sehen
sie	sehen

Unregelmäßige Verben kennenlernen

1 ✎ Welche vier Verben gehören zusammen? Markiere sie farbig.

er liest	geben	er isst	ihr gibt
ihr lest	lesen	essen	es gibt
sie lesen	wir geben	ihr esst	du isst

2 ✎ Schreibe die Verben aus ❶ auf.

lesen: er liest,

essen: _____

geben: _____

3 👁 ✎ Setze die Verben in der richtigen Personalform ein.

Momo __darf__ sich ein Buch ausleihen.
     dürfen

Momo _____ es und _____ den Klappentext.
     nehmen   lesen

Anschließend _____ sie sich noch die Bilder an.
             sehen

Zufrieden _____ Momo die Bücherei.
          verlassen

Zu Hause _____ sie Mama ihr neues Buch.
         zeigen

> Wenn du nicht weißt, wie eine Personalform gebildet und geschrieben wird, schlage in der Wörterliste oder im Wörterbuch nach.

darf
sieht
nimmt
liest
verlässt
zeigt

4 ✎ Schreibe die Sätze aus ❸ ab.

Sprache untersuchen — sprachliche Begriffe/Strukturen kennen und anwenden: Konjugation des Verbs (unregelmäßig) kennenlernen; Arbeitstechniken kennen: Wörterliste nutzen

Wörter mit Dehnungs-h merken   M

1 🗨 Erzähle.

- Muss ich mir beide Wörter merken?
- Das muss ich mir nicht merken: **seht** – **sehen**.
- Aber bei **fehlt** kann ich das **h** nicht hörbar machen.

2 ✏ Setze **ah**, **eh**, **oh** oder **uh** passend ein. 📖
Markiere die Aufpass-Stelle rot.

Zahn   F__ne   B__ne   H__n
H__n   M__l   F__len   St__l
S__n   L__rerin   z__n   __r

3 ✏ Sortiere die Wörter von **2** in die Tabelle ein.

Ah/ah	Eh/eh	Oh/oh	Uh/uh
Zahn			

4 ✏ Kreise die Wortfamilien in denselben Farbe ein.
Markiere in jedem Wortstamm die Aufpass-Stellen.

> Der Wortstamm hilft beim Merken.

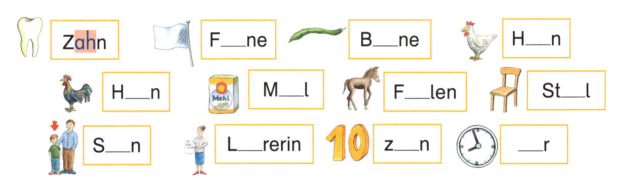

(wählen)   Zahl   wählerisch   Vorwahl   bezahlen

(Wahl)   Zahlenstrahl   aufzählen   verwählen   zählen

Wörter mit ä und äu ableiten

1 👄 Erzähle.

Schreibt man scheumen oder schäumen?

Also schreibt man **schäumen** mit **äu**.

Mir fallen mehrere verwandte Wörter ein: der Schaum, schaumig.

2 ✏️ Finde die Ableitungen. Markiere in der gleichen Farbe.

Wäscherei	Verkäuferin	Bäckerei	Päckchen
Waschmaschine	Kaufmann	malen	packen
Malerei	kaufen	waschen	einpacken
Kaufladen	Waschbär	backen	Maler

3 ✏️ Suche verwandte Wörter mit **a** oder **au**.
Markiere die Aufpass-Stellen, die du ableiten kannst, orange.

wählen — Wahl

aufräumen —

säubern —

erklären —

Verkäuferin —

Gebäude —

schäumen —

Gepäck —

verträumt —

zählen —

Päckchen —

Zäune —

Richtig schreiben — rechtschriftliche Kenntnisse anwenden: Wörter mit ä und äu schreiben, verwandte Wörter finden; Rechtschreibstrategien anwenden: Ableiten

Wörter mit ä und äu ableiten

1 ✏ Suche verwandte Wörter mit **a** oder **au**.
Markiere die Aufpass-Stellen, die du ableiten kannst, orange.

Räuber – rauben

2 ✏ Finde die Ableitungen. Markiere in der gleichen Farbe.

Traum	Gebäude	schäumen	Bau	ängstlich
träumen	Schaum	Rätsel	Abfälle	nächste
einfärben	Farbe	raten	fallen	nach	Angst

3 ✏ Schreibe Sätze mit den Wörtern aus **2**.

4 ✏ ä oder äu? Überprüfe die Wörter. Beweise und korrigiere.

Wort	Beweis		
Er gräbt etwas aus.	graben	, also gräbt	mit ä
Sie trägt ein Kleid.		, also	mit
Es läuft heute gut.		, also	mit
Wir fangen den Räuber.		, also	mit
Ihr lest täglich.		, also	mit

Richtig schreiben — rechtschriftliche Kenntnisse anwenden: Wörter mit ä und äu schreiben, verwandte Wörter finden; Rechtschreibstrategien anwenden: Ableiten

Wörter mit Dehnungs-h merken

1 ✏ Schreibe.
Kontrolliere mit der Wörterliste. 📖

der Sohn S. 9   der _____

_____   _____

_____   _____

2 ✏ Setze das Verb **fahren** in der richtigen Personalform ein. Markiere die Endung.

Grundform: **fahren**

Ich __fahre__ Fahrrad.   Wir _____ in den Zoo.

Du _____ zur Schule.   Ihr _____ alleine zum Sport.

Er _____ Bus.   Sie alle _____ gerne Auto.

Sie _____ nicht gerne Bus.   Es _____ nicht los.

3 ✏ Setze die Wörter richtig ein.

Oma hat heute Besuch.

__Ihre__ Enkel Moritz und Helene sind gekommen.

Moritz richtet _____ Grüße von Mama aus.
_{ihm/ihr}

Oma drückt _____ ganz fest.
_{ihre/ihn}

Helene hat _____ Oma etwas gebastelt.
_{ihrer/ihnen}

Oma gibt _____ einen Kuss.
_{ihr/ihn}

Oma hat _____ Lieblingskuchen gebacken.
_{ihren/ihres}

ihre ihr
ihn   ihrer
ihr   ihren

Sternenforscher-Seiten

1 👄 Erzähle.

2 👁 Lies.
   🔗 Verbinde mit dem passenden Stern.

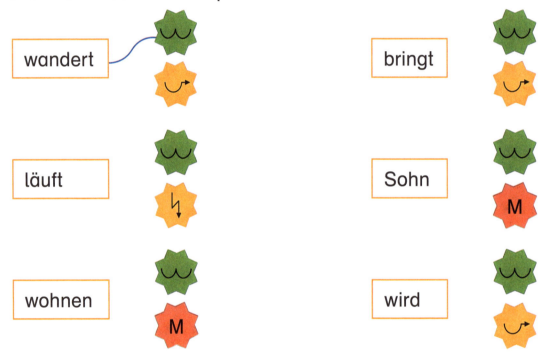

3 Führt ein Rechtschreibgespräch. 👥

4 ✏ Übe die Merkwörter dieser Seite.

Merkwörter üben   KH S. 20
Ich schreibe Merkwörter mehrfach.
So kann ich sie mir besser merken.

1 👁 Lies.
　　↪ Verbinde mit dem passenden Stern.

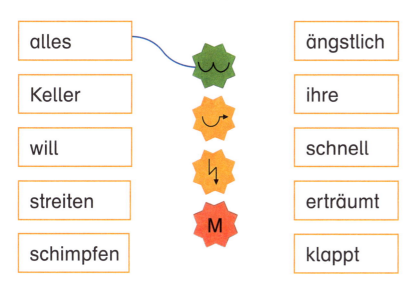

Wenn du im Wort eine Stelle findest, die du nicht erklären kannst, markiere sie rot. Du musst sie dir merken.

2 Führt ein Rechtschreibgespräch. 👧👦

3 ✏ Überprüfe die Wörter. Wende den passenden Stern an.

Wort	☆	Beweis
will	⭐	wollen, also will mit ll
streiten	☆	
ängstlich	☆	
soll	☆	
schnell	☆	
erträumt	☆	

4 ✏ Übe die Merkwörter dieser Seiten. 📖　　S. 20

ehrlich sein:
… die Wahrheit
   sagen
… nicht lügen

Ich bin ehrlich
zu dir.

Du bist ehrlich.

nicht ehrlich sein:
… mogeln
… rausreden
… lügen

Ich will den
anderen nicht
enttäuschen.

Ich möchte ihr
gefallen.

Ich finde deine
Meinung nicht gut.

Über Gefühle sprechen

1 👄 Erzähle.

2 👄 Was **sagen** die Kinder?
Was **denken** die Kinder? 👥

3 Alle Kinder sagen ehrlich ihre Meinung.
Spielt diese Idee als Rollenspiel. 👥

4 👁 👄 Lies und erzähle.

Felix hat Geburtstag.
Sein Freund Marc gibt ihm ein
Geschenk und sagt:
„Nun los, pack schon aus!
Es ist etwas ganz Tolles!"
Felix reißt das Papier ab
und denkt enttäuscht:
O nein! Ein Buch. Das soll toll sein?
Aber er sagt: „Toll Marc!
Das habe ich mir schon lange
gewünscht! Danke!"

5 Spielt die Geschichte mit und ohne Lüge.

64 Sprechen und Zuhören Gespräche führen: über Gefühle sprechen, die Beziehung
zwischen Absicht und Wirkung untersuchen;
verstehend zuhören: Inhalte zuhörend verstehen

Über Verstehens- und Verständnisprobleme sprechen

1 Erzähle.

"Ihr seid so gemein. Nie lasst ihr mich mitspielen!"

"Hau ab!"

"Ich bin so traurig, weil ich alleine bin. Lasst ihr mich bitte mitspielen?"

2 Spielt die Szenen nach. Diskutiert: Wie fühlen sich die Kinder?

3 Lies.

Was ist eine Ich-Botschaft?
Ich erkläre meine Meinung, ohne den anderen zu beschimpfen. Ich erkläre, wie ich mich fühle. Bei „Ich"-Botschaften fällt es dem anderen leichter, mir zuzuhören.

4 Welche Sätze sind Ich-Botschaften? Markiere.

"Du nervst, sei endlich leise!"

"Ich kann nicht arbeiten, wenn es laut ist."

"Ich finde das ungerecht, mir hilft niemand."

"Du hilfst mir nie!"

5 Was ist der Unterschied zwischen einer Ich- und einer Du-Botschaft?

Ich bin wütend.

Bist du traurig?

Er ist beleidigt.

Er wird ausgegrenzt.

Ich fühle mich angegriffen.

Sie fühlt sich schlecht.

Ich-Botschaft

Ich bin höflich.

Ich bin wütend, weil …

Ich bin traurig, weil es ungerecht ist.

Ich schaffe das nicht. Kannst du mir helfen?

Du-Botschaft

Du bist gemein.

Du bist unfair.

Sprechen und Zuhören | Gespräche führen: über Verstehens- und Verständigungsprobleme sprechen; zu anderen sprechen: gemeinsam Anliegen und Konflikte diskutieren; szenisch spielen

Über Lösungen sprechen

1 👄 Erzähle.

2 Wie fühlst du dich, wenn du dich streitest?

S. 13 **3** ✏️ Was könnte Tom zu Felix sagen? Schreibe auf.

4 Einigt euch auf eine Antwort. Plant ein Rollenspiel.

5 Spielt eure Lösung vor.

Mithilfe des roten Fadens erzählen

1 👁 Lies.

> Heute ist Putztag.
> Marie soll das Bad putzen.
> Tim soll staubsaugen.
> Beide hassen diesen Tag!
> Marie hat keine Lust.
> Tim ist heute fröhlich dabei.
>
> Das Telefon klingelt.
> Nach einem kurzen Gespräch ruft
> Tim Papa zu: „Ich muss weg.
> Jo und ich müssen noch ein Referat
> vorbereiten!"
> Papa antwortet: „Also gut!
> Schule geht vor."
> Marie hat nun noch mehr Arbeit.
>
> Marie geht zum Kino.
> Dort sieht sie Tim und Jo Eis essen.
> Stinksauer fragt sie Tim: „Na, ist das
> Referat schon fertig?" Tim wird rot.
> Tim stottert verlegen: „Ich, …
> es tut mir leid. Bitte verrate mich
> nicht bei Papa!"

Eine gute Geschichte hat einen roten Faden. Er zeigt den Leserinnen und Lesern, was nacheinander passiert.

2 ✏ Schreibe die Stichwörter in den roten Faden.

3 👄 Erzähle die Geschichte mithilfe des roten Fadens nach.

4 Gebt euch Rückmeldung.

S. 14

Textaufbau beachten

1 👁 Lies und vergleiche. 🗣

> **A** Gestern ging ich mit meinem Freund auf den Spielplatz. Wir spielten Schatzsucher in den Büschen. Hinter einem großen Busch haben wir eine Geldbörse gefunden. Sie war ganz nass und dreckig. Erst wollten wir sie gar nicht anfassen, aber dann wurden wir doch neugierig. ...

> **B** Ich ging mit meinem Freund auf den Spielplatz. Hinter einem großen Busch haben wir eine Geldbörse gefunden. Wir spielten Schatzsucher in den Büschen. Sie war ganz nass und dreckig. Wir wurden neugierig und wollten sie gar nicht anfassen. ...

2 👄 Welcher Text hat einen roten Faden? Begründe: A oder B 🗣

> Der rote Faden hilft dir auch, eine Geschichte zu schreiben.

3 ✏ Wie könnte die Geschichte weitergehen? Sammelt Ideen.

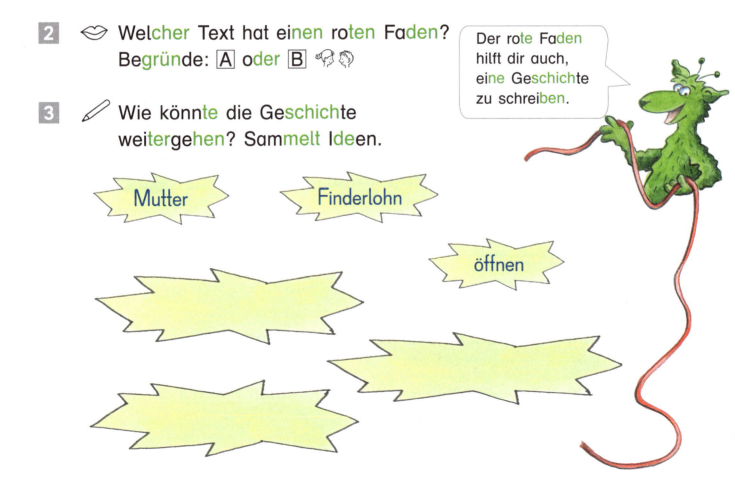

Mutter — Finderlohn — öffnen

68 | Texte verfassen | Texte planen: Schreibsituation klären, Schreibideen sammeln (Ideenblitze); Texte schreiben: nach Anregungen (Text) eigene Texte (Erlebniserzählung) schreiben

Eine Geschichte überarbeiten

1 👁 Lies die Fortsetzung der Geschichte von S. 68 laut.
Was fällt dir auf?

> Wir wischen die Geldbörse sauber ✓**und** öffnen sie.
>
> In einem sind Geldscheine.
>
> Mein Freund sagt:
>
> „Wir müssen herausfinden,
>
> wem gehört.
>
> Vielleicht wir einen Namen."
>
> Hinten steckt Ausweis.
>
> Nun haben wir auch vom Besitzer.
>
> Er uns 10 Euro Finderlohn.

2 👁 Welche Textlupe wurde nicht beachtet?
Fülle aus: ▢

Alle Sätze müssen vollständig sein.

3 ✏ Überarbeite die Geschichte aus **1**
mit diesen Wörtern.

Fach   und   finden   die Geldbörse   ein   gibt   die Anschrift

4 ✏ Schreibe die überarbeitete Geschichte auf.

Texte verfassen | Texte überarbeiten/schreiben: Texte auf Verständlichkeit überprüfen, nach Anregungen schreiben; Arbeitstechniken nutzen: Texte auf ihre Richtigkeit überprüfen (Textlupen) | > Schreibplan, KH S. 15
> Textlupen, KH S. 17

S. 17

Eine Geschichte überarbeiten

1. 👁 Lies die Geschichte.

> Gestern ging ich mit meinem Freund auf den Spielplatz. Wir spielten Schatzsucher in den Büschen. Hinter einem großen Busch haben wir eine Geldbörse gefunden.
> Sie war ganz nass und dreckig. Erst wollten wir sie gar nicht anfassen, aber dann wurden wir doch neugierig. Wir wischten die Geldbörse sauber und öffneten sie. In einem Fach waren Geldscheine. Mein Freund sagte: „Wir müssen herausfinden, wem sie gehört. Vielleicht finden wir einen Namen."
> Hinten steckte ein Ausweis. Nun hatten wir auch die Anschrift vom Besitzer.
> Er gab uns 10 Euro Finderlohn.

Eine gute Geschichte hat eine passende Überschrift.

2. ✏ Welche Text-Lupe wurde nicht beachtet?

3. ✏ Lies die Checkliste.

   Die Überschrift
   - ... macht neugierig.
   - ... ist kein ganzer Satz.
   - ... passt zum Text.
   - ... verrät nicht zuviel.

4. ✏ Wähle eine passende Überschrift aus. Überprüfe mithilfe der Checkliste. Kreuze an.

☐ Plötzlich reich   ☐ Wir haben eine Geldbörse gefunden.

☐ Abenteuer im Schwimmbad   ☐ Finderlohn

Abstrakte Nomen (Substantive) kennenlernen

1 👄 Lies. Warum werden diese Wörter großgeschrieben?

| Wut | Gemeinheit | Zorn | Laune | Lust | Idee |

2 👁 Lies den Text.

> Gefühle und Gedanken sind auch Nomen, die ich haben kann.

> Mit Wut im Bauch läuft Mina ins Haus.
> „So eine Gemeinheit!", schreit sie voller Zorn.
> „Hallo Mina!", ruft Papa.
> „Warum hast du denn so schlechte Laune?"
> Mina jammert: „Ich habe keine Lust mehr,
> mit Laura zu spielen. Nie findet sie meine Ideen gut!"

3 ✏ Markiere die Nomen im Text in ② farbig.

| Menschen | Dinge | Gefühle/Gedanken |

Wörter für Menschen, Tiere, Pflanzen, Dinge Gedanken
und Gefühle heißen **Nomen** (Substantive).
Wut, Hunger, Laune sind Nomen für Gedanken und Gefühle.
Nomen werden großgeschrieben.

4 ✏ Schreibe die Nomen aus ② für Gefühle und Gedanken auf.

_____

5 ✏ Markiere die Nomen für Gefühle und Gedanken.

| Langeweile | Fuß | Idee | Hunger | Bruder | Spaß |

Sprache untersuchen — sprachliche Begriffe kennen und anwenden: Nomen (Abstrakta) und ihre Großschreibung kennenlernen

Abstrakte Nomen (Substantive) kennenlernen

1 👄 Erzähle.

Familie Freund

Auch Wortfamilien haben verschiedene Mitglieder: **Freund**e, an**freund**en, **freund**lich, **Freund**schaft

Nur die Nomen werden großgeschrieben.

2 ✏️ Unterstreiche Nomen, Adjektive, Verben in verschiedenen Farben.

wütend	Lieblingsverein	sich langweilen
sich verlieben	langweilig	Schmerz
Langeweile	schmerzhaft	Wut
schmerzen	wüten	lieblich

3 🔗 Immer drei Wörter gehören zu einer Wortfamilie. Verbinde.

4 ✏️ Schreibe alle Nomen aus ❷ auf.

Nomen (Substantive) aus Adjektiven und Verben bilden

1 ✎ Welche Wörter gehören zusammen? Markiere.

| Freiheit | Krankheit | krank | Heiterkeit |
| sauber | heiter | frei | Sauberkeit |

2 Was fällt euch auf?

heit und keit verwandeln Adjektive in Nomen.

3 ✎ Markiere in den Nomen in ❶ den Wortbaustein am Ende.

4 ✎ Bilde Nomen mit heit oder keit. Markiere den Wortbaustein. Schreibe sie mit Artikel auf.

ehrlich   die Ehrlichkeit   wahr   _____

krank   _____   fähig _____

sicher   _____   heiter _____

5 ✎ Markiere in diesen Nomen den Baustein am Ende.

| Einladung | Rechnung | Übung | Wohnung | Sicherung |

6 ✎ Finde weitere Nomen mit ung.

_____

_____

Nomen (Substantive) aus Adjektiven und Verben bilden

1 ✎ Bilde Nomen mit ung, heit oder keit.

überraschen
werben
gesund
unsicher
traurig

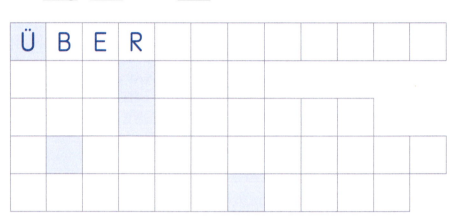

Lösungswort: Ü _____

Wörter mit den **Wortbausteinen** heit, keit und ung sind **Nomen**. Sie werden großgeschrieben.

---

2 ✎ Sortiere die Nomen. Finde weitere.

| ~~Seltenheit~~ | Pünktlichkeit | Wohnung | Eitelkeit |
| Schönheit | Leitung | Tapferkeit | Frechheit |

heit: Seltenheit,

keit:

ung:

Mit Adjektiven vergleichen

1 👄 Erzähle.

schnell

Keanu ist schnell.

Jona ist schneller.

Mika ist am schnellsten.

Wenn sich das Adjektiv verändert, wird der Wortstamm meist gleich oder ähnlich geschrieben.

Mit den meisten Adjektiven kann man vergleichen.
Sie verändern sich in der 1. und 2. Vergleichsstufe.

schnell	schneller	am schnellsten
Grundstufe	1. Vergleichsstufe	2. Vergleichsstufe

2 ✏ Vergleiche die Kinder.
Schreibe die Vergleichsstufen in die Tabelle.

Grundstufe	1. Vergleichsstufe	2. Vergleichsstufe
schnell	schneller	am schnellsten
klein		
stark		
groß		

3 ✏ Setze ein.

Jona ist _____ als Keanu.
  klein/kleiner/am kleinsten

Mika ist am_____.
  stark/stärker/am stärksten

Keanu ist _____ als Jona.
  groß/größer/am größten

Mit Adjektiven vergleichen

1 👄 Erzähle.

Ist etwas anders, benutze ich **als**.
Ich bin leichter als Kari.

Ist etwas gleich, benutze ich **so wie**.
Ich bin so schwer wie der blaue Kari.

2 ✏️ Schreibe den Vergleich auf.

| wild | schwer | lang |

Der Tiger ist so wild wie der Löwe.

Der Zucker ist so

Der Bleistift

3 ✏️ Setze ein. Bilde Sätze. 📓

Der Elefant ist **schwerer als** der Tiger.
schwer/groß/lustig

Die Ameise ist _____ der Papagei.
stark/gefährlich/leicht

Der Tiger ist _____ .

76 | Sprache untersuchen | sprachliche Strukturen/Begriffe kennen und anwenden: Adjektive (Funktionalität) kennenlernen

Wörter mit Doppelung weiterschwingen

1 Erzähle.

Ich kriege das mit den doppelten Buchstaben nicht hin.

Mir hilft, wenn ich genau hinhöre. Ist der Selbstlaut kurz, schreibe ich doppelt.

Da hilft Weiterschwingen.

2 Schwinge die Nomen weiter. Schreibe auf und markiere.

Wort	Beweis
Fell	die Felle – ich höre ll, also Fell mit ll
Bett	die – ich höre , also mit
Mann	die – ich höre , also mit
Stoff	die – ich höre , also mit
Nuss	die – ich höre , also mit

3 Schwinge die Adjektive weiter.

stumm	– der	stumme	Mann
schnell	– der		Läufer
nett	– das		Mädchen
dünn	– die		Wolle
glatt	– der		Stein

Einmal doppelt – immer doppelt.

Wörter mit Doppelung weiterschwingen

1 ✏️ Überprüfe die Wörter. Beweise und korrigiere.

Die wir-Form hilft: sie brüllt – **wir brüllen**.

Wort	Beweis		
es kna~~ll~~t (t)	wir knallen	, also knallt	mit ll
er be~~ll~~t (l)	wir	, also	mit
sie re~~nn~~t (n)	wir	, also	mit
du ti~~pp~~st (p)	wir	, also	mit
ihr ke~~nn~~t (n)	wir	, also	mit

2 ✏️ Überprüfe die Wörter. Beweise und korrigiere.

Nina tri~~ff~~t (f) sich am liebsten mit Miriam.   **wir treffen uns**

Doch heute spie~~ll~~t (l) sie mit Nina.

Das findet Miriam nicht ne~~tt~~ (t).

Sie schmo~~ll~~t (l):

„Du so~~ll~~st (l) immer mit mir spielen.

Du bist du~~mm~~ (m)."

Nina brü~~ll~~t (l):

„Du besti~~mm~~st (m) nicht."

78 Richtig schreiben

Wörter mit V v merken

1 Erzähle.

2 Schlage die Wörter nach. Schreibe die Seitenzahl auf.

Vase S. 10   Advent S. ___   bevor S. ___   November S. ___

vorhin S. ___   Violine S. ___   davon S. ___   Pullover S. ___

3 Verbinde die Gegenteile.

| vorwärts | leer | viel | hinten | vorher |

| wenig | rückwärts | voll | nachher | vorne |

4 Schreibe Paare aus ❸ auf.

vorwärts – rückwärts,

5 Übe die Merkwörter aus ❷ und ❸.

S. 20

Richtig schreiben

Wörter mit Doppelung weiterschwingen

1 ✎ Überprüfe die Wörter. Beweise und korrigiere.

Wort	Beweis			
es kla~~pp~~ᵖt	wir klappen	, also klappt	mit	pp
er sto~~pp~~ᵖt	wir	, also	mit	
sie ne~~nn~~ⁿt	wir	, also	mit	
du ste~~ll~~ˡst	wir	, also	mit	
ihr wo~~ll~~ˡt	wir	, also	mit	

2 ✎ Überprüfe die Nomen durch Weiterschwingen.

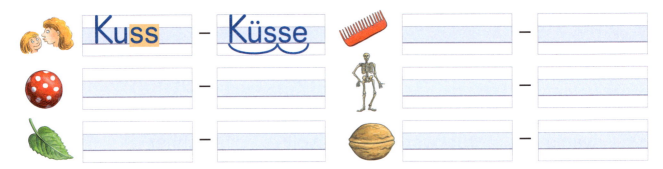

Kuss – Küsse

3 ✎ Überprüfe die Wörter. Beweise und korrigiere.

Wort	Beweis			
Die Sahne ist fe~~tt~~ᵗ.	die fette Sahne	, also fett	mit	tt
Das Gras ist na~~ss~~ˢ.		, also	mit	
Das Eis ist gla~~tt~~ᵗ.		, also	mit	
Das Licht ist he~~ll~~ˡ.		, also	mit	

Richtig schreiben — rechtschriftliche Kenntnisse anwenden: Wörter mit Konsonantenverdoppelung schreiben; Rechtschreibstrategien anwenden: Weiterschwingen

Wörter mit V v merken

1 ✏ Markiere den zweiten Buchstaben. Ordne nach dem Abc.

| Vivian | Vanessa ① | Victoria | Veronika |

Vanessa, _____

| Volker | Viktor | Valentin ① | Vitali |

Valentin, _____

2 ✏ Schreibe Wörter mit den Wortbausteinen ver oder vor auf.

	suchen	**versuchen**
ver	stehen	
	tragen	
	sagen	
vor	machen	
	lesen	

Die Wortbausteine **ver** und **vor** schreibe ich immer mit **V/v**. Ich muss sie mir merken.

3 👁 ✏ Lies und setze ver oder vor ein.

Das Taxi hat sich __ver__ fahren. Vladimir will immer ____ fahren.

Ich habe mich ____ lesen. Heute möchte Viola ____ lesen.

Sternenforscher-Seiten

1 👄 Erzähle.

Ich höre ein f.
Warum schreibt man **Vater** mit **V**?

Das kannst du nicht erklären.
Das Wort musst du dir merken.
Du kannst es auch nachschlagen.

2 👁 Lies.

Verbinde mit dem passenden Stern.

verlegen	— M
hält	
dreht	

schnappt	
Vater	M
essen	

3 Führt ein Rechtschreibgespräch.

4 ✏ Schreibe die Wörter aus **2** als
☐ Abschreibwörter ☐ Schleichdiktat ☐ Partnerdiktat.

Sternenforscher-Seite | Rechtschreibstrategien anwenden: Mitsprechen, Weiterschwingen, Merken | > Rechtschreibgespräch, KH S. 19

1 👁 Lies.
   🔗 Verbinde mit dem passenden Stern.

großer	🟢	still
er trifft	🟠↪	zehn
Eisbecher	🟡⚡	sie könnte
Sahne	🔴 M	sehr

> Mitsprechen, ableiten, weiterschwingen, merken.

2 Führt ein Rechtschreibgespräch. 👥

3 ✏ Überprüfe die Wörter. Wende den passenden Stern an.

Wort	⭐	Beweis
Eisbecher	🟢	Eisbecher
er trifft		
Sahne		
still		
sie könnte		
sehr		

4 ✏ Schreibe die Wörter aus **1** als
☐ Abschreibwörter ☐ Schleichdiktat ☐ Partnerdiktat. 📖

S. 20

Sternenforscher-Seite | Rechtschreibstrategien anwenden: Mitsprechen, Weiterschwingen, Merken | > Rechtschreibgespräch, KH S. 19

Im Herbst

Eine Bastelanleitung schreiben

1 👄 👁 Lies die Sätze. Erzähle.

2 Verbinde.
Du brauchst: 1 Papierquadrat, Wollfaden, Krepppapierstreifen, Schere, Kleber, Stifte

> Drehe den Drachen um.
> Klebe einen Wollfaden unten an den Drachen.

> Verziere den Drachen mit einem lustigen Gesicht.

> Falte die rechte und linke Außenkante zur Mittellinie und klebe sie fest.

> Öffne die Faltung wieder.

> Knote Krepppapierstreifen an den Wollfaden.

> Falte das Papierquadrat in der Mitte.

3 Bastele den Drachen.

4 ✏ Schreibe die Anleitung in der ich-Form auf. 📓
Schreibe so:

Ich falte das Papierquadrat in der Mitte. Ich öffne ...

Zeichen in Nachrichten kennenlernen

1 👁 👄 Lies den Text. Erzähle.

Halloween entstand vor 1000 Jahren auf den britischen Inseln. Am 31. Oktober feierten die Menschen das Ende des Sommers.
Sie entzündeten auf den Hügeln riesige Feuer, um die bösen Geister zu vertreiben.
In Amerika stellen die Menschen Kerzen in Kürbisse.
Die Kinder gehen verkleidet zu den Häusern.
Sie sammeln Süßigkeiten und rufen *trick or treat*.

2 Was bedeutet **trick or treat**?

3 ✏ Malt in den gleichen Farben an.

| Hexe | Geist | Monster | Maus | Katze |

| witch | mouse | monster | cat | ghost |

4 👁 Lies die Nachricht. Erkläre.

19.00 Uhr, Gevastr. 12
CU + LG Lilo

5 ✏ Löst das Rätsel und schreibt die Lösung auf.

1	2	3	4	5	6	7	8	9	10	11	12	13	14	15	16	17	18	19	20
h	t	m	n	l	b	a	z	i	p	c	v	k	g	j	s	d	f	e	r

9 11 1 12 19 20 13 5 19 9 17 19 3 9 11 1 7 5 16 14 19 9 16 2

Im Winter

Präpositionen verwenden

1 Erzähle.

2 Wo sind die Geschenke versteckt? Schreibe auf.

Das rote Geschenk liegt auf dem Schrank.
Das weiße Geschenk hängt in dem
Das orange Geschenk liegt
Das blaue Geschenk liegt
Das lila
Das gelbe
Das braune

Die Wörter über, neben, unter, auf, hinter, vor, zwischen, in zeigen, wo sich jemand oder etwas genau befindet.
Diese Wörter heißen **Präpositionen**.

3 Wo versteckst du deine Geschenke? Erzähle.

Ein Gedicht kennenlernen

1 👁 Lies das Gedicht. Erzähle.

> **In der Neujahrsnacht**
>
> Die Kirchturmglocke schlägt zwölfmal Bumm.
> Das alte Jahr ist wieder mal um.
>
> Die Menschen können sich in den Gassen
> vor lauter Übermut gar nicht mehr fassen.
> Sie singen und springen umher wie die Flöhe
> und werfen die Mützen in die Höhe.
>
> Der Schornsteinfegergeselle Schwerzlich
> küsst Konditor Krause recht herzlich.
> Der alte Gendarm brummt heute sogar
> ein freundliches Prosit zum neuen Jahr.
>
> Joachim Ringelnatz (1883–1934)

2 👁 Lest und beantwortet die Fragen.

Wie viele Strophen hat dieses Gedicht?
Wie viele Verse hat jede Strophe?

> Strophen sind die Abschnitte in einem Gedicht. Ein Vers ist eine Zeile in der Strophe.

3 ✎ Markiert in jeder Strophe die Reimwörter.

4 Lerne eine Strophe des Gedichts auswendig.
Trage sie vor.

5 ✎ Wie feierst du Silvester?
Was wünschst du dir für das neue Jahr?

Ich feiere

Ich wünsche mir

Kompetenzen

Kapitel	Sprechen und zuhören	Texte verfassen	Sprache untersuchen	Richtig schreiben
Ich allein und wir zusammen	zu anderen sprechen: erzählen, informieren; Gemeinsamkeiten und Unterschiede von Sprachen entdecken: Deutsch/Muttersprache; Gespräche führen: (gemeinsam entwickelte) Gesprächsregeln beachten	Texte planen: gestalterische Mittel und Schreibideen sammeln (Ideenblitze); Texte schreiben: nach Anregungen (Fotos) eigene Texte planen und schreiben – nach Mustern schreiben (Brief), adressaten- und funktionsgerecht schreiben	Wortarten bestimmen: Nomen kennen Artikel kennen (unbestimmt, bestimmt); sprachliche Begriffe/Strukturen kennen und anwenden: Großschreibung, Einzahl/Mehrzahl von Nomen kennen – Artikel kennen – Zusammensetzungen (Nomen/Nomen) kennen und bilden – Satzschlusszeichen (Punkt, Fragezeichen), Satzart (Aussage-, Fragesatz) und Großschreibung am Satzanfang kennen – Alphabet kennen; mit Geheimschriften arbeiten	rechtschriftliche Kenntnisse anwenden: Selbstlaute, Umlaute, Zwielaute kennen – offene und geschlossene Silbe kennen; an Wörtern arbeiten: Wörter sammeln; Rechtschreibstrategien anwenden: Mitsprechen; rechtschreibwichtige Wörter kennen: Wörter mit h, r, ß, ck, tz, st, sp, Qu/qu und mit Doppelkonsonanten schreiben
Wortsalat und Sprachenmix Ⓐ Ⓑ Ⓒ	Gemeinsamkeiten und Unterschiede von Sprachen entdecken: Deutsch – Fremdsprachen/Nachbarsprachen; zu anderen sprechen: Wirkung der Redeweise kennen (Redewendungen); Gemeinsamkeiten und Unterschiede von Sprache im Umfeld entdecken: Deutsch/Regionalsprachen; an Wörtern arbeiten: mit Sprache experimentell und spielerisch umgehen; mit Sprache experimentieren: Mehrdeutigkeit von Sprache erkennen/erklären (Teekesselchen); über Lernen sprechen: über Lernerfahrungen sprechen (Gruppenarbeit); Arbeitstechniken nutzen: Übungsformen (Gruppenarbeit) nutzen	Texte planen: Schreibideen sammeln (Ideenblitze), mit dem Schreibplan arbeiten; Texte schreiben: nach Anregungen eigene Texte (Lügengeschichte) schreiben; Texte überarbeiten: Texte im Hinblick auf Vollständigkeit/Satzbau überarbeiten, Arbeitstechniken nutzen: Texte auf ihre Richtigkeit überprüfen (Textlupe)	sprachliche Begriffe/Strukturen kennen und anwenden: Adjektive kennen (Funktion, Flexion) – Adjektive mit -ig und -lich kennen – Satzglieder kennenlernen; an Wörtern und Sätzen arbeiten: Möglichkeiten der Wortbildung kennen (Wortbausteine) – sprachliche Operationen nutzen (umstellen)	rechtschriftliche Kenntnisse anwenden: Fremdwörter schreiben – Wörter mit Aus- und Inlautverhärtung schreiben; Rechtschreibhilfen verwenden: mit der Wörterliste arbeiten; Rechtschreibstrategien anwenden: Merken – Weiterschwingen; an Wörtern/Texten arbeiten
Lesemops und Bücherwurm	zu anderen sprechen: erzählen, informieren, argumentieren, Inhalte mit Fachbegriffen beschreiben (Merkmale eines Buches, Buchgenres) – beschreiben, sprachliche Mittel gezielt verwenden (Wortschatz: treffende Adjektive); Wörter sammeln: Placemat nutzen; über Lernen sprechen: über Lernerfahrungen/Lösungswege (Placemat als Methode für Gruppenarbeit) sprechen; Gespräche führen: Gesprächsregeln beachten	Texte planen: Schreibsituation klären, Schreibideen sammeln (Ideenblitze); Texte schreiben: nach Anregungen (Text) eigene Texte (Personenbeschreibung) schreiben; Texte überarbeiten/schreiben: Texte (eigene und fremde) an der Schreibaufgabe prüfen, Arbeitstechniken nutzen: Texte auf ihre Richtigkeit überprüfen (Textlupen)	sprachliche Begriffe/Strukturen kennen und anwenden: Personalpronomen nutzen – Personalformen des Verbs (regelmäßig) kennen – vorangestellte Wortbausteine/ Wortstamm (Verb) bestimmen – Konjugation des Verbs (unregelmäßig) kennen; an Wörtern/Texten arbeiten: die Textproduktion durch Anwenden sprachlicher Operationen unterstützen – Wörter strukturieren; Arbeitstechniken kennen: Wörterliste nutzen	rechtschriftliche Kenntnisse anwenden: Wörter mit Dehnungs-h schreiben – Wörter mit ä und äu schreiben, verwandte Wörter finden; Rechtschreibstrategien anwenden: Merken – Ableiten; an Wörtern arbeiten
Familienband und Gefühlskarussell	Gespräche führen: über Gefühle sprechen, die Beziehung zwischen Absicht und Wirkung untersuchen – über Verstehens- und Verständigungsprobleme sprechen – eigene Gefühle beschreiben; verstehend zuhören; zu anderen sprechen: Inhalte gemeinsam verstehen – gemeinsam Anliegen und Konflikte diskutieren – gemeinsam nach Lösungen suchen – erzählen; szenisch spielen: Perspektiven einnehmen, Arbeitstechniken nutzen: methodisch sinnvoll abschreiben (Stichwortkarten); an Texten arbeiten: Wörter ordnen (roter Faden)	Texte planen: Schreibsituation klären, Schreibideen sammeln (Ideenblitze); Texte schreiben: nach Anregungen (Text) eigene Texte (Erlebniserzählung) schreiben; Texte überarbeiten: Texte auf Verständlichkeit überprüfen, nach Anregungen schreiben; Arbeitstechniken nutzen: Texte auf ihre Richtigkeit überprüfen (Textlupen)	sprachliche Begriffe/Strukturen kennen und anwenden: Nomen (Abstrakta) und ihre Großschreibung kennenlernen – Wortbausteine (-heit, -keit, -ung) kennenlernen – Adjektive (Funktionalität/Steigerung) kennenlernen; an Wörtern arbeiten: Möglichkeiten der Wortbildung kennen (Wortstamm)	rechtschriftliche Kenntnisse anwenden: Wörter mit Konsonantendoppelung schreiben; Rechtschreibhilfen verwenden: mit der Wörterliste arbeiten, Wortbausteine – mit der Wörterliste arbeiten; Rechtschreibstrategien anwenden: Weiterschwingen – Merken; rechtschreibwichtige Wörter kennen: Wörter mit V/v schreiben
Im Herbst/Im Winter	über Leseerfahrungen verfügen: ein Gedicht kennenlernen	Texte schreiben: sprachliche Mittel verwenden (verschiedene Satzanfänge), nach Anregungen Texte schreiben (Bastelanleitung), strukturiert schreiben (Anleitung)	Gemeinsamkeiten und Unterschiede von Sprachen entdecken; an Wörtern arbeiten: mit Sprache experimentell und spielerisch umgehen; sprachliche Strukturen kennen und anwenden: Präpositionen schreiben	

Spracharbeitsheft 3 B
zur Förderung

Erarbeitet von
Astrid Eichmeyer,
Kerstin von Werder
und Sabine Willmeroth

Unter Beratung von
Nicole Schlinkhoff

Illustriert von Svenja Doering und Susanne Schulte

westermann

Inhaltsverzeichnis

Medienspaß und Technikwunder 92

Medien, Medienerfahrungen, Argumentieren, Interview • Fragen (Formulierung), Balkendiagramm • Verben (Präteritum), wörtliche Rede (vorangestellter Redebegleitsatz) • Weiterschwingen (s/ß) •
Das kann ich jetzt • Sternenforscher

Abenteuerlust und Heldentat 112

Erzählen, Märchenmerkmale, Reihum-Märchen • Nacherzählung • Satzglieder (umstellen, Prädikat), Satzschlusszeichen, wörtliche Rede • Weiterschwingen (Verben, Präteritum) • Merken (ai)
Das kann ich jetzt • Sternenforscher

Dickhäuter und Plagegeister 132

Informationen im Internet • Informationen, Steckbrief, Vortrag • Satzglieder (Subjekt), Satzangaben (Ort, Zeit) •
Rechtschreibstrategien anwenden, Merken (Fremdwörter mit X/x, Y/y) •
Das kann ich jetzt • Sternenforscher

Traumzeit und Zeitreisen 152

Beschreiben, Bilder, Erzählen • Schreibimpulse (deuten), Überarbeiten • Verben (Zeitformen, Perfekt), Wortarten (Nomen, Verben, Adjektive), zusammengesetzte Nomen • Weiterschwingen (Inlautverhärtung), Merken (ä/Doppelvokale) • Das kann ich jetzt • Sternenforscher

Schneemänner und Sandburgen 172

Bilder, Erzählen, Rollenspiel • Adjektive (zusammengesetzte Adjektive) • Gedicht (Rondell)

Mein Karibu-Heft

KH

Wörterliste	2
Methodenseiten	12
Fachbegriffe	37

Was diese Zeichen bedeuten:

- Ich arbeite mit einem Partnerkind.
- Erzähle: Was siehst du? Was denkst du?
- Schreibe. Markiere. Unterstreiche.
- Lies.
- Verbinde.
- Ich schlage in der Wörterliste nach.
- Ich bearbeite die Aufgabe in meinem Schreibheft.
- S. 20   Ich kann in meinem Karibu-Heft nachschlagen.
- Ich recherchiere in Büchern oder im Internet.
- Silbe   Aufgabenstellungen, Sprechblasen und Texte in den Kompetenzbereichen Sprechen und Zuhören und Texte verfassen sind silbisch gedruckt.
- ☐ Nomen
- ☐ Verben
- ☐ Adjektive
- ● Anforderungsniveau I
- ■ Anforderungsniveau II

In den Fußzeilen sind die Kompetenzen/Lernschritte der jeweiligen Seite aufgelistet.

freundlich

unfreundlich

mutig

schüchtern

geduldig

ungeduldig

vordrängeln

abwarten

zusammen arbeiten

sich abwechseln

Würdest du mir bitte …?

Kannst du mir bitte …?

Darf ich bitte …?

Ich möchte bitte …?

Medien nutzen

1 Erzähle. Was fällt euch auf?

Weg da! Ich bin dran.

Ich trau mich gar nicht zu fragen.

Ich war zuerst da.

Hau ab, jetzt bin ich dran!

Du hast mir gar nichts zu sagen!

2 Wie können die Kinder höflicher miteinander sprechen? Sammelt Vorschläge.

3 Probiert eure Vorschläge in einem Rollenspiel aus.

4 Lies. Was würdest du sagen? Probiert im Rollenspiel aus.

Du hast dein Etui verloren. Deine Freundin soll dir beim Suchen helfen.

Dein Freund hat sich verletzt. Du klopfst am Lehrerzimmer, weil du ein Pflaster für ihn holen möchtest.

Du verstehst eine Matheaufgabe nicht. Bitte einen Mitschüler um Hilfe.

Du möchtest in der Pause mit Fußball spielen. Frage nach.

Über Medienerfahrungen sprechen

1. Welche Medien kennst du? Erzähle.

2. Welche Medien nutzt du und wofür? Erzähle.

> Das Tablet benutze ich oft zum Schreiben, weil ich auf dem Handy schlecht tippen kann.

3. Viele Kinder möchten einen eigenen Laptop haben. Sammelt Argumente dafür mit der Placemat-Methode.

mit Antolin arbeiten können

4. Präsentiert eure Argumente.
Sprecht so: Ich möchte einen eigenen Laptop haben, weil ich dann mit Antolin arbeiten kann, wann ich will.

Bildschirm

Tablet

Computer

Computer-Maus

Drucker

Spielkonsole

Play-Station

PC-Spiele

Handy

CD-Player

Kopfhörer

Lautsprecher

Laptop

Ich benutze …, wenn …

Ich hätte gerne, weil …

> Argumente sind Begründungen für eine Meinung oder einen Wunsch.

Sprechen und Zuhören | zu anderen sprechen: argumentieren; Wörter sammeln: Placemat nutzen; Gespräche führen: die Bedeutung elektronischer Kommunikationsformen reflektieren | > Placemat, KH S. 13

Argumentieren

1 👁 Die Klasse 3a spielt gerne.
Mesut mag Gesellschaftsspiele.
Katharina hat viele Computerspiele.
Lies ihre Argumente.

- Computerspiele regen die Fantasie an.
- Gesellschaftsspiele kann ich überallhin mitnehmen.
- Computerspiele sind besser als Fernsehen.
- Bei Gesellschaftsspielen lerne ich, auch mal zu verlieren.

2 👄 Was spielst du gern? Erzähle.

3 Stellt euch gegenseitig eure Argumente vor.

Ich meine, dass Computerspiele besser sind als Fernsehen.

Meiner Meinung nach regen Computerspiele die Fantasie an.

pro Computerspiele

Ein Argument für Gesellschaftsspiele ist, dass ich sie überallhin mitnehmen kann.

Ich finde, dass man bei Gesellschaftsspielen lernen kann, auch mal zu verlieren.

pro Gesellschaftsspiele

4 👄 Welche Meinung hast du?

5 Welchen Argumenten stimmst du nicht zu? Wie kannst du dies zeigen oder ausdrücken?

Formulierungshilfen:
Ich meine, dass …
Ich denke, dass …
Ich finde …, weil …
Meiner Meinung nach …
Ein Argument dafür ist …
Ein Argument dagegen ist …

Sprechen und Zuhören | zu anderen sprechen: argumentieren, Gespräche situationsangemessen planen (Zustimmung/Ablehnung); Gespräche führen: gemeinsam Anliegen diskutieren

Ein Interview durchführen

1 👄 Die Kinder wollen ein Interview zum Thema **Fernsehen** durchführen. Erzähle.

> Wir stellen uns vor und erklären, zu welchen Themen wir die Interviews führen.

> Wir bedanken uns zum Schluss für das Interview.

> Wir überlegen uns Fragen und schreiben sie auf.

2 ✏️ Überlege dir einen Satz, wie man ein Interview beginnen kann.

Mein Name ist _____

_____

3 👁️ ✏️ Lies die Erklärungen. Ordne die Sätze zu.

1 Aufnahme: Hier starte oder stoppe ich die Aufnahme.

2 Pause/Wiedergabe: Hier unterbreche ich die Aufnahme oder ich kann sie mir anhören.

3 Lautstärke: Hier regele ich die Lautstärke: lauter oder leiser.

4 Ein-/Aus-Taste: Hier schalte ich das Mikrofon ein und aus.

5 USB-Anschluss: Hier schließe ich einen Computer oder ein Laptop an.

Fragen formulieren

1 👁 Lies die Interview-Fragen.

A
Habt ihr Fernseher zu Hause?
Guckst du täglich Fernsehen?

B
Wie viele Fernseher habt ihr zu Hause?
Wie lange guckst du täglich Fernsehen?

2 👄 Beantwortet die Fragen. Was fällt euch auf?

3 ✏ Anna befragt ihre Großeltern.
Bei welchen Fragen bekommt sie die meisten Informationen?
Kreuze an.

☐ Hast du früher auch Fernsehen geguckt?
☐ Oma, welche Sendungen hast du früher geguckt?
☐ Welche Spiele hast du früher gespielt, Opa?
☐ Durften die Mädchen mitspielen?

4 ✏ Formuliere W-Fragen für ein Interview.
Du möchtest wissen, …

… wie viel Zeit man zum Spielen hatte.

… wie man sich verabredet hat.

Ich muss genau überlegen, welche Art von Fragen ich stelle.

Wie viel Zeit

Wie hast du dich

96 | Texte verfassen | sprachliche Mittel sammeln: Formulierungen (Interviewfragen) kennen und anwenden

Fragen formulieren

1 ✏️ Welche Fragewörter kennt ihr? Ergänzt. 🗣️

Wie, _____

_____

2 👁️ Martin hat ein Interview durchgeführt. Lies seine Fragen.

| Wo steht Ihr Fernseher? | Wie viele Fernseher haben Sie zu Hause? | Wie lange gucken Sie täglich Fernsehen? |

3 👄 Wen hat Martin wohl befragt? Erzähle.

4 ✏️ Formuliere die Interviewfragen in der Sie-Form.

Wann hast du deinen ersten Computer bekommen?

Wann haben Sie _____

_____

Wie viel Zeit hattest du zum Spielen?

Wie viel Zeit hatten _____

Welche Spiele hast du gespielt?

Welche Spiele _____

5 Sucht euch einen Interviewpartner. Führt das Interview durch. 🗣️

Texte verfassen — sprachliche Mittel sammeln: Formulierungen (Interviewfragen) anwenden; Texte planen: Adressatenbezug klären

Ergebnisse festhalten und auswerten

1 👄 Erzähle.

2 👄 Erzähle von deiner Lieblingssendung.

3 👄 ✏️ Justin will ein Balkendiagramm zu den Lieblingssendungen seiner Klasse erstellen. Beschreibe. Ergänze das Diagramm.

Sendung	Strichliste
Die wilden Kerle	ⲀⲀⲀⲀ
1, 2 oder 3	|||
logo!	||||
Pfefferkörner	ⲀⲀⲀⲀ ||
Wissen macht Ah!	ⲀⲀⲀⲀ	
Schloss Einstein	ⲀⲀⲀⲀ

4 Führt eine Umfrage zum Thema **Lieblingssendungen** durch.

5 ✏️ Übertrage die Ergebnisse in ein Balkendiagramm.

6 Vergleicht eure Diagramme.

Präteritum kennenlernen

1 👄 Erzähle.

Früher **kochte** man über dem Feuer.

Heute **kocht** man auf dem Herd.

2 Vergleicht die fett gedruckten Wörter. Was fällt euch auf?

> Verben können in verschiedenen Zeitformen stehen.
> Das **Präsens** (Gegenwartsform) zeigt, dass etwas jetzt passiert.
> ich koche, du kochst, er kocht, wir kochen, ihr kocht, sie kochen
> Das **Präteritum** (Vergangenheitsform) zeigt, dass etwas
> früher passierte. ich kochte, du kochtest, er kochte,
> wir kochten, ihr kochtet, sie kochten

3 ✏ Schreibe die Verben im Präsens und Präteritum auf. Markiere die Endungen.

	Präsens	Präteritum		Präsens	Präteritum
ich	lache	lachte	ich	sage	
du		lachtest	du		
er/sie/es		lachte	er/sie/es		
wir		lachten	wir		
ihr		lachtet	ihr		
sie		lachten	sie		

Präteritum anwenden

1 👁 ✏ Lies. Setze das Verb im Präteritum ein.

| schüttete | holten | tauchten | schäumte | reisten |

Juliette **schüttete** das rote Pulver in das Wasser.
schütten

Die Zeitseife _____ ordentlich.
schäumen

Lise und Bulle _____ Luft und _____ unter.
holen *tauchen*

Lise und Bulle _____ in die Vergangenheit.
reisen

2 ✏ Verbinde. Markiere den Wortstamm.

wir werfen	wir tranken
wir schlafen	wir warfen
wir trinken	wir schliefen

wir fahren	wir fanden
wir finden	wir liefen
wir laufen	wir fuhren

3 Was fällt dir auf?

> Unregelmäßige Verben verändern im Präteritum ihren Wortstamm: er schlief – schlafen

4 ✏ Ordne zu. Schreibe die Grundform der Verben.

er aß **essen**   sie kam _____

er rief _____   er fand _____

| ~~essen~~ |
| kommen |
| finden |
| rufen |

Präteritum kennen und anwenden

1 ✏️ Schreibe die Verben im Präsens und Präteritum auf.

	Präsens	Präteritum
ich	laufe	lief
du		liefst
er/sie/es		
wir		
ihr		lieft
sie		

	Präsens	Präteritum
ich	finde	
du		fandest
er/sie/es		
wir		
ihr		fandet
sie		

2 👁️ ✏️ Lies. Schreibe die Verben im Präsens und Präteritum auf.

Lise und Bulle treffen Doktor Proktor.
Sie schreiben Juliette einen Brief.
In der Nacht schlafen alle im Stall.
Morgens finden sie eine Badewanne.
Sie geben Zeitseife in das Wasser.

sie treffen – sie trafen

sie

schliefen

gaben

schrieben

~~trafen~~

fanden

Sprache untersuchen — sprachliche Begriffe kennen und anwenden: Zeitstufen (Präteritum) des Verbs schreiben; an Wörtern arbeiten: Möglichkeiten der Wortbildung kennen

101

Wörtliche Rede kennenlernen

1 👄 Erzähle.

- Ich habe mir eine Hausaufgabenmaschine ausgedacht.
- Meine Erfindung ist eine Kitzelmaschine.
- Ich habe eine Aufräummaschine erfunden.
- Meine Erfindung heißt Sachensuchmaschine.

2 👁 Lies den Satz. Vergleiche ihn mit ❶. Was fällt dir auf?

Emma sagt : „ Ich habe eine Aufräummaschine erfunden. "

Emma sagt: „Ich habe eine Aufräummaschine erfunden."
Begleitsatz   wörtliche Rede

Im **Begleitsatz** steht, **wer** spricht und **wie** gesprochen wird.
Nach dem Begleitsatz steht ein Doppelpunkt.
Das, was jemand sagt, nennt man wörtliche Rede.
Die wörtliche Rede steht zwischen Anführungszeichen.

---

3 ✏ Unterstreiche den Begleitsatz blau, die wörtliche Rede orange. Setze die Zeichen der wörtlichen Rede : „ " richtig ein.

Lotta sagt : „ Meine Erfindung ist eine Kitzelmaschine. "

Till sagt ☐ ☐ Ich habe eine Hausaufgabenmaschine erfunden. ☐

Leon sagt ☐ ☐ Meine Erfindung heißt Sachensuchmaschine. ☐

Emma sagt ☐ ☐ Ich habe eine Aufräummaschine erfunden. ☐

Wörtliche Rede anwenden

1 👁 ✏ Lies und unterstreiche.

> Vater sagt: „Das Bügeleisen ist die beste Erfindung."
>
> Mutter sagt: „Der Computer ist die beste Erfindung."
>
> Sarah sagt: „Opa ist der beste Geschichten-Erfinder."
>
> Jana sagt: „Die beste Erfindung ist der Fernseher."
>
> Armin sagt: „Das Internet ist die beste Erfindung."

2 👄 Was fällt euch auf?

Wortfeld sagen: flüstern, beschreiben, antworten, erklären, erzählen …

3 ✏ Schreibe Wörter, die zum Wortfeld **sagen** gehören.

flüstern,

4 👁 Lest euch gegenseitig die Sätze aus **1** vor. Ersetzt dabei **sagt** durch andere Verben.

5 ✏ Finde passende Verben aus dem Wortfeld **sagen**.

> Anton ~~grunzt~~ schreit: „Mein Computer ist kaputt."
>
> Vater quakt: „Das kann aber nicht sein."
>
> Hassan wiehert: „Ich helfe dir."
>
> Anton miaut: „Danke, das ist nett von dir."
>
> Mutter bellt: „Möchtet ihr etwas trinken?"

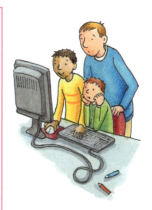

Wörtliche Rede anwenden

1 Lies und unterstreiche.
Setze die fehlenden Zeichen der wörtlichen Rede ein.

Niklas fragt Jamal : „Wollen wir uns heute verabreden?"
Jamal antwortet □ □Ja, wenn ich fertig bin.□
Martin ruft □ □Kann ich auch mit euch spielen?□
Die Kinder meinen □ □Ja, super!□
Martin sagt □ □Toll, dann können wir Fußball spielen!□

2 Lies. Bilde Sätze mit wörtlicher Rede. Schreibe auf.

Katrin schreit □ □Lass mich in Ruhe!□
Marius fragt □ □Was
Leon bittet □ □
Nils sagt □ □

Wörter mit s und ß weiterschwingen

1 🗣 Erzähle.

Schreibe ich s oder ß?

Das kannst du hörbar machen.
Du musst weiterschwingen:
das Gras – die Gräser, groß – größer.

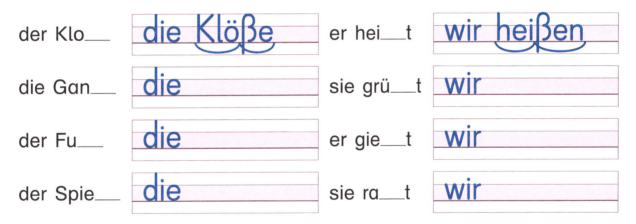

2 ✏ s oder ß? Schwinge weiter.

der Klo__	die Klöße	er hei__t	wir heißen
die Gan__	die	sie grü__t	wir
der Fu__	die	er gie__t	wir
der Spie__	die	sie ra__t	wir

3 ✏ s oder ß? Schwinge weiter und setze ein.

In den Ferien rei__t er zu seinen Großeltern.   reisen

Das Kind begrü__t die Lehrerin.

Das Flo__ ist aus Holz gebaut.

Wörter mit s und ß weiterschwingen

1 ✏️ Schreibe die Wörter auf. 📖

Straße	Kr_____
Sp_____	F_____
F_____	M_____

2 ✏️ s oder ß? Überprüfe die Wörter. Beweise und korrigiere.

Wort	Beweis		
sie schließt	wir schließen	, also schließt	mit ß
er grü__t	wir _____	, also _____	mit _____
sie ra__t	_____	, also _____	mit _____
es flie__t	_____	, also _____	mit _____

3 ✏️ s oder ß? Schwinge weiter und setze ein.

Geocaching macht viel Spaß.

Die Familie meldet sich zu einem Kur__ an.

Der Leiter begrü__t die Familie.

Keanu beschlie__t, den Schatz zu suchen.

Mit dem GPS-Gerät stö__t er auf eine Überraschung im Gra__.

Richtig schreiben — rechtschriftliche Kenntnisse anwenden: Wörter mit s und ß schreiben; Rechtschreibstrategien anwenden: Weiterschwingen — › Abschreiben, KH S. 19

Wörter mit i merken

1 ✏️ Schlage die Wörter nach und schreibe sie auf. 📖

P _____   P _____
L _____   A _____
R _____   D _____

2 ✏️ -in oder -ine? Schreibe die Wörter geordnet auf.

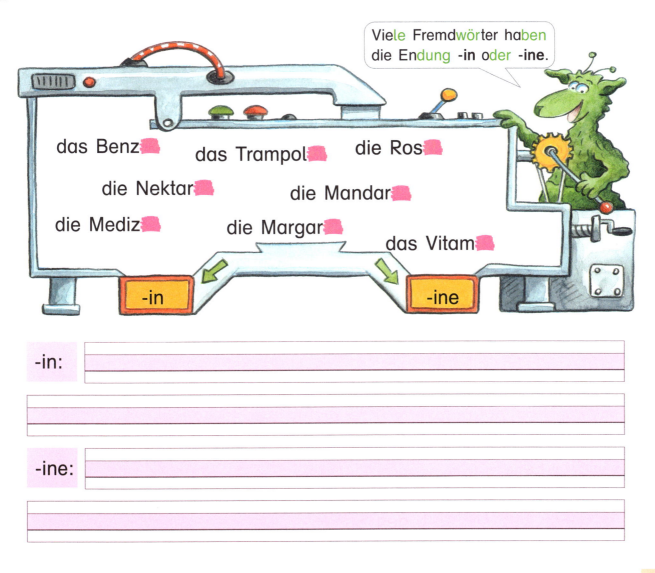

-in: _____

-ine: _____

3 ✏️ Übe die Merkwörter dieser Seite.

Wörter mit i merken und üben

1 ✏ Schlage nach und schreibe auf. 📖

🐊	die Krokodile	S. 5
🧺	die Wa	S.
🦤	der Pe	S.
✹	das	S.
🥝	die	S.
🐅	der	S.

2 ✏ Übe deine schwierigen Wörter aus **1**.

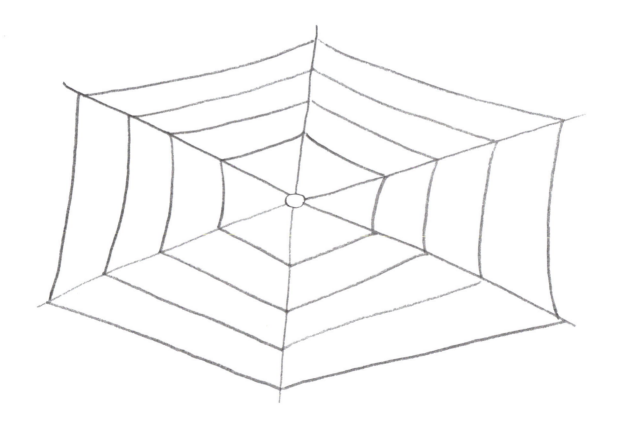

Präteritum anwenden

1 ✎ Schreibe die Verben im Präteritum auf.

	meinen
ich	
du	meintest
er/sie/es	
wir	
ihr	meintet
sie	

	fragen
ich	
du	fragtest
er/sie/es	
wir	
ihr	fragtet
sie	

2 ✎ Schreibe die Verben im Präteritum auf.

	schreiben
ich	
du	schriebst
er/sie/es	
wir	
ihr	schriebt
sie	

	lesen
ich	
du	last
er/sie/es	
wir	
ihr	last
sie	

3 ✎ Schreibe die Sätze im Präteritum auf.

Paula rechnet an der Tafel.

Nele geht in die Pause.

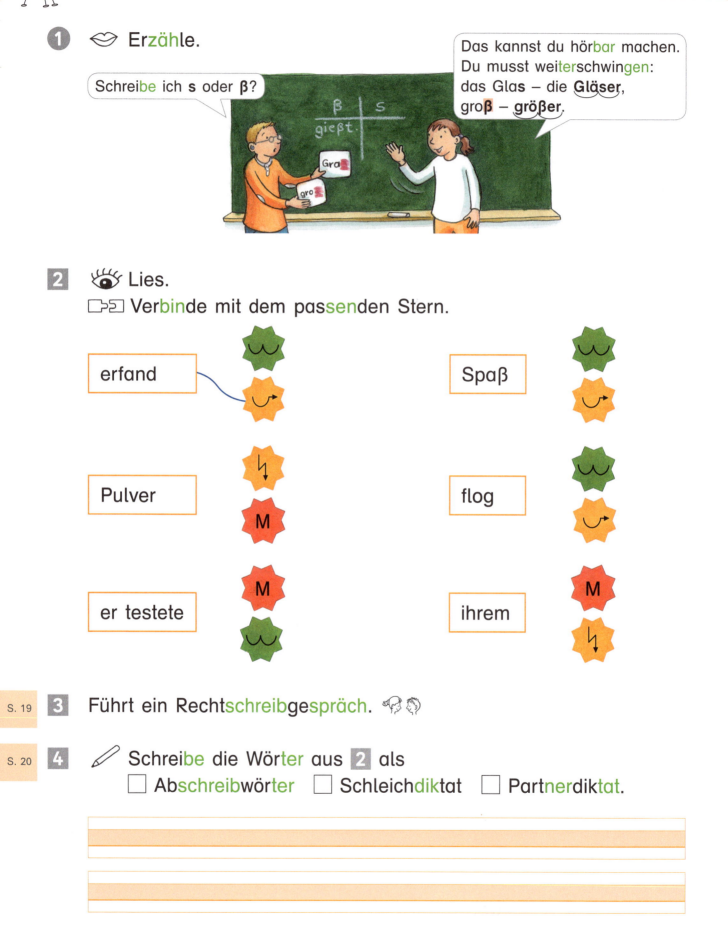

1 👁 Lies.

Die Zwillinge waren in den Keller eingebrochen.
Sie haben das Pupspulver gestohlen.
Gleich mehrere Gläser haben sie mitgenommen.
Sie wurden von der Polizei gefasst.
Die Beamten haben Splitter an ihren Schuhen entdeckt.

2 Führt ein Rechtschreibgespräch.

3 ✎ Überprüfe die markierten Wörter.
Wende den passenden Stern an.

Wort	✦	Beweis
Zwillinge	★	Zwillinge
gestohlen		
mehrere		
Gläser		
Polizei		
gefasst		
Splitter		
entdeckt		

4 ✎ Schreibe die Wörter aus **1** als
☐ Abschreibwörter ☐ Schleichdiktat ☐ Partnerdiktat.

Ich kenne …
Ich mag …
Welches Märchen magst du?

Märchenbuch
Märchensprüche

Märchenfiguren:
die Prinzessin/
der Prinz
der Held
der Zwerg
der Drache
die Königin/
der König

magische
… Orte
… Gegenstände
… Zahlen

Zu Märchen erzählen

1 👄 Erzähle.

1 „Sesam, öffne dich!"

2 „Kikeriki, kikeriki, unsere schmutzige Jungfrau ist wieder hie!"

3 „Knusper, knusper, knäuschen, wer knuspert an meinem Häuschen?"

2 Verbindet.

3 Die Klasse 3b macht ein **Brainstorming** zum Thema Märchen. Ergänzt.

Mit einem Brainstorming sammelt man Gedanken.

Märchenmerkmale kennenlernen

1 👄 Erzähle.

2 👁 Lest die Merkmale von Märchen.
✏️ Markiert die Märchenausschnitte mit der passenden Farbe. 👥

- Märchenanfang
- magische Orte
- Märchenende
- Märchensprüche
- magische Zahlen
- böse Märchenfiguren
- magische Gegenstände
- gute Märchenfiguren

Auf dem Tisch fand sie 7 Messerchen, 7 Tellerchen, …

Sie fragte ihren Zauberspiegel.

Die böse Königin wollte sie vergiften.

Es war einmal eine Königin …

„Spieglein, Spieglein an der Wand, …"

Und wenn sie nicht gestorben sind, …

Der Jäger hatte ein gutes Herz und ließ das arme Kind laufen.

Schneewittchen wohnte hinter den sieben Bergen …

Nicht jedes Märchen hat alle Merkmale.

Ein Reihum-Märchen erzählen

1 👄 Erzähle.

2 👄 Erzählt mithilfe der Karten ein Reihum-Märchen.

3 👄 Erzählt euch mit der ganzen Klasse ein Reihum-Märchen.

Sprechen und Zuhören | zu anderen sprechen: erzählen; Gespräche führen: eigene Ideen einbringen und die Beiträge anderer aufgreifen (sich ein Reihum-Märchen erzählen)

Märchenmerkmale erkennen

1 👁 Lies.

Putzliese

Es war einmal ein Mädchen, das hieß Liese.
Liese lebte bei ihrer bösen Großmutter, weil ihre Eltern
schon vor langer Zeit gestorben waren.
Die Großmutter nannte sie „Putzliese" und ließ Liese
5 den ganzen Tag aufräumen, putzen und waschen.
Nie durfte das Mädchen spielen.
Eines Tages sollte Putzliese den Keller aufräumen.
Sie fing mit dem großen Regal an.
Plötzlich fiel eine alte dreckige Vase auf ihre Füße.
10 Vorsichtig hob Putzliese die Vase auf.
Da hörte das Mädchen eine Stimme aus der Vase:
„Putzt du mich, putz ich für dich!"
Liese erschrak. Neugierig nahm sie einen weichen
Lappen und rieb so lange, bis die Vase silbern glänzte
15 und man sich darin spiegeln konnte.
Auf einmal erschien eine Fee. Sie schwang den Zauberstab
und der ganze Keller war sauber.
Glücklich umarmte das Mädchen die Fee und bedankte sich.
Die Fee sagte: „Du musst sieben Mal an der Vase reiben,
20 damit ich wiederkomme. Verstecke sie gut, damit
deine Großmutter sie nicht findet und verkauft."
Liese fand ein Versteck ganz hinten im Keller.
Immer, wenn sie Hilfe brauchte, holte sie die Vase hervor.
Und wenn sie nicht gestorben ist, putzt die Fee noch
25 heute für Liese.

2 Warum ist Putzliese ein Märchen? 🗣
✏ Unterstreicht alle Märchenmerkmale farbig.

Ein Märchen nacherzählen

1 👁 Lies das Märchen **Putzliese** von S. 115 mehrmals.

2 👁 Lies die Stichwortkarten.

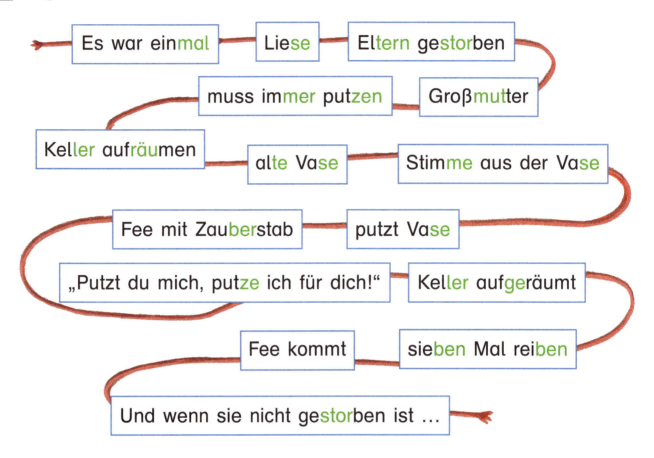

3 ✏ Schreibe deine Stichwörter auf Karten.
Lege einen roten Faden.

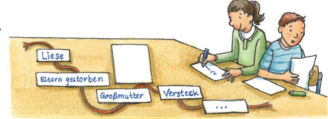

4 👄 Erzähle das Märchen mithilfe des roten Fadens nach. Wechselt euch ab.

5 Gebt euch Rückmeldung.

6 ✏ Schreibe das Märchen mithilfe deiner Karten auf.

Texte verfassen | Texte planen: Stichwörter sammeln, mit verschiedenen Methoden planen (roter Faden); Texte schreiben: nach Anregungen eigene Texte schreiben (Nacherzählung) | > Rückmeldung geben, KH S. 14
> Textaufbau, KH S. 16

Eine Nacherzählung überarbeiten

1 Lies. Was fällt dir auf?

> Es war einmal ein Mädchen. Es hieß Putzliese, weil die Großmutter sie immer putzen ließ. Eines Tages geht Putzliese in den Keller. Sie musste dort aufräumen und putzen. Plötzlich fiel aus einem Regal eine alte schmutzige Vase. Putzliese hebt sie auf und hörte eine Stimme: „Putzt du mich, putz ich für dich!" Sie holt ein Tuch und reibt so lange an der Vase, bis sie sich darin spiegeln kann. Auf einmal kam eine Fee mit Zauberstab und der ganze Keller war blitzblank sauber. Putzliese staunt und freute sich. Die Fee sagt: „Wenn du sieben Mal an der Vase reibst, komme ich wieder und helfe dir. Pass auf, dass deine Großmutter mich nicht findet." Putzliese versteckte die Vase. Sie holt die Vase immer, wenn sie Hilfe brauchte. Und wenn sie nicht gestorben ist, putzt die Fee immer noch für sie.

2 Erzähle.

Namen der Textforscher	Das finde ich gut.	Dazu habe ich Fragen. Hier fällt mir etwas auf.	Tipps
Miriam	Du hast den Spruch gut behalten.		
Felix		Einige Sätze hast du im Präsens geschrieben.	Schau dir in jedem Satz das Verb an.

Einige Sätze sind im Präsens geschrieben. Märchen schreibt man aber im Präteritum.

Hast du an die Märchenmerkmale gedacht?

Eine Nacherzählung überarbeiten Z

1 👁 Lies. Was fällt dir auf?

> **Schneewittchen und die sieben Zwerge**
>
> Es war einmal eine Königin, die am Fenster sitzt (saß)
> und nähte. Da sticht sie sich mit einer Nadel. Ihr Blut
> tropfte in den Schnee und sie denkt sich:
> „Hätt' ich ein Kind, so weiß wie Schnee, so rot wie Blut
> und so schwarz wie das Holz an dem Rahmen!"
> Bald darauf bekommt sie eine Tochter. Sie war so weiß
> wie Schnee, so rot wie Blut und so schwarzhaarig wie
> Ebenholz und wurde darum Schneewittchen genannt.
> Doch die Königin starb bei der Geburt.
> Nach einem Jahr nimmt sich der König eine neue
> Gemahlin. Sie ist eingebildet und sitzt ständig vor
> ihrem Zauberspiegel.
> Sie fragte ihn: „Spieglein, Spieglein an der Wand, wer
> ist die Schönste hier im Land." …

> Märchen spielen
> in vergangenen Zeiten.
> Ich schreibe Märchen
> im Präteritum (Vergangenheit).

2 ✏ Überprüfe die gekennzeichneten Verben mit der Textlupe Z .
Überarbeite im Text.

Satzglieder umstellen

1 👄 Erzähle.

| Rotkäppchen | hüpfte | auf dem Weg |.
| Auf dem Weg | hüpfte | Rotkäppchen |.
| Hüpfte | Rotkäppchen | auf dem Weg |?

Einige Wörter bleiben in Sätzen immer zusammen. Das sind die Satzglieder.

Ein Satz besteht aus Satzgliedern. Ein Satzglied kann aus einem oder mehreren Wörtern bestehen. **Satzglieder** kann man **umstellen**.

2 ✏️ Stelle den Satz um.

Der Wolf | schlich | durch den Wald |.

Durch den Wald _____ .

Schlich _____ ?

3 ✏️ Markiere die Satzglieder in den Sätzen aus **2**.

4 ✏️ Stelle den Satz um. Markiere die Satzglieder.

Der Wolf | sprach | freundlich | mit Rotkäppchen |.

Freundlich _____ .

_____ .

Sprach _____ ?

119

Satzglieder bestimmen (Prädikat/Satzkern)

1 ✎ Verbinde passend. Schreibe Sätze.

der Esel	bellt	Der Esel schreit.
der Hahn	miaut	
der Hund	schreit	
die Katze	kräht	

2 ✎ Beantworte die Fragen.

Der Esel schreit. Was **tut** der Esel? — Der Esel schreit.

Der Hund bellt. Was **tut** der Hund? — Der Hund

Die Katze miaut. Was **tut** die Katze?

Der Hahn kräht. Was **tut** der Hahn?

Die Räuber fliehen. Was **tun** sie?

Die Tiere fressen. Was **tun** sie?

3 ✎ Unterstreiche in deinen Sätzen in **2** das Prädikat rot.

In jedem Satz gibt es ein **Prädikat** (Satzkern).
Das Prädikat ist ein Satzglied. Es antwortet auf die
„**Was tut?**"-Frage. Der Esel schreit ...

Satzglieder bestimmen (Prädikat/Satzkern)

1 🖉 Erfrage das Prädikat. Unterstreiche das Prädikat rot.

Die Fee zaubert mit dem Zauberstab.

Was tut die Fee? Sie zaubert.

Der Prinz heiratet die schöne Prinzessin.

Der König reitet auf seinem Pferd.

Die Zwerge wohnen im dunklen Wald.

Frau Holle schüttelt die Kissen.

Der Frosch holt die goldene Kugel.

2 🖉 Markiere die Satzglieder.

Hänsel und Gretel | gingen | in den finsteren Wald.

Auf einer Lichtung sahen sie ein Hexenhaus.

An dem Haus hingen Lebkuchen, Zuckerstangen und Nüsse.

Eine alte Hexe kam aus der Haustür.

3 🖉 Bestimme in den Sätzen in **2** das Prädikat. Unterstreiche.

Satzschlusszeichen setzen

1 👁 Lies. Achte auf das Satzschlusszeichen.

> Womit soll ich nur mein Brot verdienen[?]
>
> Ich werde Stadtmusikant[.]
>
> Komm doch mit nach Bremen[!]

2 👁 Lest euch die Sätze aus ❶ gegenseitig vor.
Betont so, dass man hört,
mit welchem Satzschlusszeichen der Satz endet.

Am Ende eines **Aussagesatzes** steht ein **Punkt**.
Am Ende eines **Fragesatzes** steht ein **Fragezeichen**.
Am Ende eines **Ausrufesatzes** steht ein **Ausrufezeichen**.

---

3 ✏ Welche Satzschlusszeichen passen?
Lest die Sätze mit Betonung vor.

> Die Tiere stehen vor dem Fenster[.]
>
> Der Tisch ist gedeckt[ ]
>
> Die Räuber essen und trinken dort in der Hütte[ ]
>
> Wie können die Tiere sie verjagen[ ]
>
> Sie erschrecken die Räuber[ ]
>
> Die Räuber fliehen in den Wald[ ]
>
> Eine tolle Idee[ ]

| ✓ |
| . |
| . |
| . |
| . |
| ! |
| ? |

Sprache untersuchen — sprachliche Strukturen kennen und anwenden: Satzschlusszeichen (Punkt, Frage-, Ausrufezeichen) und Satzarten (Aussage-, Frage- und Ausrufesatz) kennen

Wörtliche Rede anwenden

1 👄 Erzähle.

2 ✏️ Schreibe die Sprechblasen aus ❶ als wörtliche Rede mit Satzzeichen auf.

Ein Zwerg fragte[:] [„]Wer hat von meinem Tellerchen gegessen[?]["]

Ein Zwerg fragte ▢▢
_____ ▢▢

Ein Zwerg erkundigte sich ▢▢ _____ ▢▢
_____

Böse fragte ein Zwerg ▢▢ _____
_____ ▢▢

3 ✏️ Schreibe weitere Fragen ins Heft. 📓

Wörtliche Rede anwenden

1 👁 Lies.

2 ✏ Setze passende Verben in die Redebegleitsätze:

| ~~fragte~~ | meinte | überlegte | antwortete | grübelte | sagte |

Schneewittchen wollte wissen : „Kann ich bei euch bleiben ?"

Ein Zwerg _fragte_ „Wo könntest du schlafen "

Ein Zwerg _____ „Sie kann in meinem Bett schlafen "

Ein Zwerg _____ „Wo sollte sie sitzen "

Ein Zwerg _____ „Sie kann auf meinem Stuhl sitzen "

Ein Zwerg _____ „Wir haben kein Geschirr für sie "

Ein Zwerg _____ „Woraus soll sie trinken "

3 ✏ Unterstreiche in **2** die Begleitsätze blau, die wörtliche Rede orange.

124 Sprache untersuchen   sprachliche Strukturen kennen und anwenden: wörtliche Rede, vorangestellten (Rede-)Begleitsatz kennen; an Texten arbeiten: Adjektive nutzen

Verben weiterschwingen (Präteritum)

1 👄 Erzähle.

Das Präteritum ist total schwierig. Schreibe ich truk mit k oder trug mit g?

Du kannst immer weiterschwingen: wir **trugen**, also mit **g**.

2 Verbinde die Verbformen.

er kam	wir liefen
sie lief	wir gingen
er ging	wir kamen

sie trank	wir sprangen
er sprang	wir schrieben
er schrieb	wir tranken

3 ✏️ Überprüfe die Wörter. Beweise und korrigiere.

Jetzt oder gestern? Bei unregelmäßigen Verben hilft die wir-Form in derselben Zeitform.

Wort	Beweis
sie stan~~t~~d	wir standen, also stand mit d
er sa~~s~~ß	, also mit
sie la~~s~~ß	, also mit
es gin~~k~~g	, also mit
er ho~~p~~b	, also mit

4 ✏️ Schwinge die Verben weiter. 📖

er blie~~p~~b	wir blieben	sie gri~~f~~ff	
er r~~i~~ie f		sie fan~~t~~d	

Richtig schreiben — rechtschriftliche Kenntnisse anwenden: unregelmäßige Verben im Präteritum schreiben; Rechtschreibstrategien anwenden: Weiterschwingen

Verben weiterschwingen (Präteritum)

1 ✏️ Welche Verben gehören zusammen?
Markiere in der gleichen Farbe.

stieg	sahen	erschienen	griffen	gab	griff
sah	standen	erschien	stiegen	stand	gaben

2 ✏️ Überprüfe die Wörter. Beweise und korrigiere.

Wort	Beweis			
Er aß gerne Eis. (g/ß)	wir aßen	, also	aß	mit ß
Sie stand am Bus. (t/d)		, also		mit
Du riefst laut. (i/ie)		, also		mit
Es fiel keinem auf. (i/ie)		, also		mit
Er log nicht. (k/g)		, also		mit

3 ✏️ Überprüfe die Wörter. Beweise und korrigiere.

Die Frau stand (t/d) **stand** am Fenster.   **wir standen**

Sie sah (h/h) _____ die Rapunzeln.   **wir** _____

Ihr Mann stieg (k/g) _____ über den Zaun.   **wir** _____

Er griff (f/ff) _____ nach den Rapunzeln.   **wir** _____

Plötzlich erschien (i/ie) _____ die Zauberin.   **wir** _____

Wörter mit ai merken

1 👄 Erzähle.

Wörter mit **ai** kannst du nicht erklären.
Du musst sie üben und sie dir merken.

2 ✏️ Markiere die Wörter mit **ai**. Was fällt dir auf? 🗣️

Das Brot wird zu einem Laib geformt.

Eine Waise ist ein Kind ohne Eltern.

Die Froscheier nennt man Laich.

Die Saite einer Gitarre zupft man.

Ein Laie kann etwas noch nicht gut.

Mais wächst auf dem Feld.

3 ✏️ Male alle Wörter mit ai an.

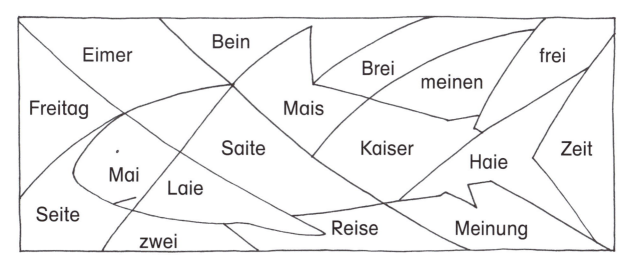

Eimer, Bein, Brei, meinen, frei, Freitag, Mais, Saite, Kaiser, Haie, Zeit, Mai, Laie, Seite, Reise, Meinung, zwei

4 ✏️ Schreibe alle Wörter mit ai auf.

Wörtliche Rede anwenden

1 ✏ Setze die fehlenden Satzzeichen und die Zeichen der wörtlichen Rede ein.
Unterstreiche den Begleitsatz blau und die wörtliche Rede orange.

Die Bauersfrau rief: „Gutes Kind, ich verkaufe schöne Dinge!"

Schneewittchen sagte ▢ ▢Ich habe aber kein Geld▢ ▢

Die Bauersfrau fragte▢ ▢Darfst du dir auch nichts anschauen▢ ▢

Schneewittchen meinte▢ ▢Das kann wohl nicht schaden▢ ▢

2 👁 ✏ Ergänze Adjektive.

| entsetzt | ~~ängstlich~~ | grimmig | hinterlistig |
| fröhlich | freundlich | vorsichtig | erschrocken |

Sie sprach **ängstlich** ▢ ▢Ich darf niemanden einlassen▢ ▢

Die Frau meinte _____ ▢ ▢Ich schenke dir einen Apfel▢ ▢

Sie rief _____ ▢ ▢Nein, ich darf nichts annehmen▢ ▢

Die Frau fragte _____ ▢ ▢Fürchtest du dich▢ ▢

Schneewittchen antwortete _____ ▢ ▢Nein▢ ▢

Die Frau sagte _____ ▢ ▢Ich teile den Apfel▢ ▢

3 ✏ Unterstreiche in **2** den Begleitsatz blau und die wörtliche Rede orange.

Verben weiterschwingen (Präteritum)

1 🔗 Verbinde die Verben derselben Zeitform.
✏️ Markiere die Aufpass-Stelle orange.

wir steigen	wir pfiffen	wir essen
sie stie**g**	er pfi**ff**	es aß
wir stiegen	wir pfeifen	wir aßen

wir geben	wir standen	wir sehen
er gab	sie stand	es sah
wir gaben	wir stehen	wir sahen

2 ✏️ Überprüfe die Wörter. Beweise und korrigiere.

Die Zauberin schlo~~ß~~ss sie in den Turm.   *wir schlossen*

Im Turm befan~~d~~t sich keine Tür.

Rapunzel ban~~d~~t ihre Zöpfe los

und lie~~ß~~s ihr langes Haar herunter.

Die Zauberin st~~i~~ieg daran empor.

Der Prinz ri~~tt~~t durch den Wald.

Der Prinz sa~~h~~h Rapunzel.

Sternenforscher-Seiten

1 👄 Erzähle.

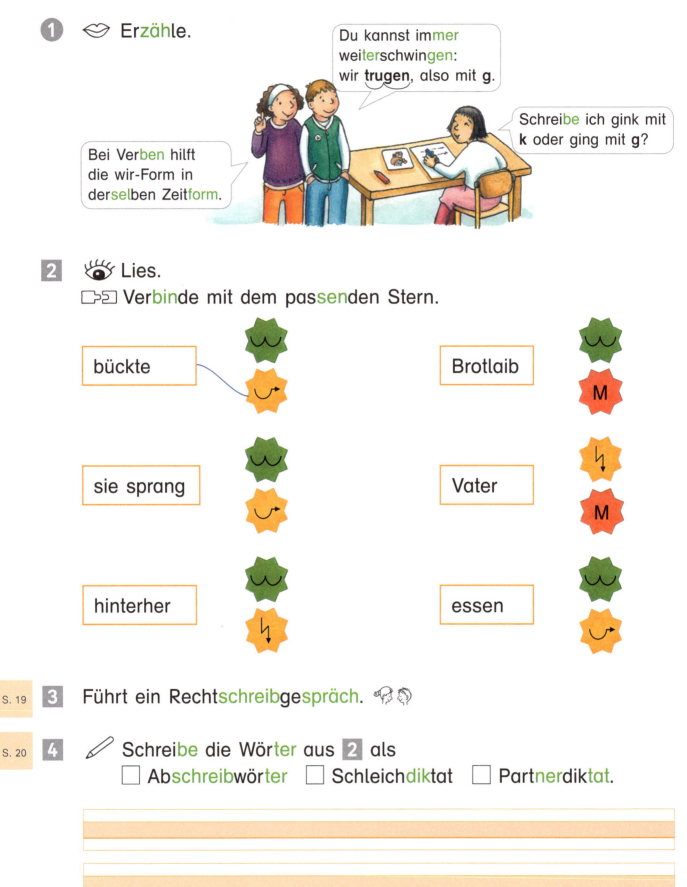

"Du kannst immer weiterschwingen: wir **trugen**, also mit **g**."

"Bei Verben hilft die wir-Form in derselben Zeitform."

"Schreibe ich gink mit **k** oder ging mit **g**?"

2 👁 Lies.
Verbinde mit dem passenden Stern.

bückte

sie sprang

hinterher

Brotlaib

Vater

essen

S. 19 **3** Führt ein Rechtschreibgespräch.

S. 20 **4** ✏ Schreibe die Wörter aus **2** als
☐ Abschreibwörter ☐ Schleichdiktat ☐ Partnerdiktat.

Sternenforscher-Seite | Rechtschreibstrategien anwenden: Mitsprechen, Weiterschwingen, Merken | > Rechtschreibgespräch, KH S. 19

1 👁 Lies.

Die Königin **wollte** die **Prinzessin** prüfen.
Sie legte eine **Erbse** unter das weiche **Bett**.
Morgens **fragte** sie die Prinzessin:
„Wie hast du deine **Nacht verbracht**?"
Sie **jammerte**: „Ich schlief überhaupt nicht.
Mein **Rücken** ist blau, so hat es mich gedrückt."

2 Führt ein Rechtschreibgespräch.

3 ✏ Überprüfe die markierten Wörter.
Wende den passenden Stern an.

Wort	⭐	Beweis
wo**l**lte	⭐	wollen
Prinzessin		
Erbse		
Bett		
fragte		
Nacht		
verbracht		
jammerte		
Rücken		

4 ✏ Schreibe die Wörter aus **1** als
☐ Abschreibwörter ☐ Schleichdiktat ☐ Partnerdiktat.

Sternenforscher-Seite | Rechtschreibstrategien anwenden: Mitsprechen, Weiterschwingen, Merken | > Rechtschreibgespräch, KH S. 19

das Internet

Ich recherchiere.

Ich suche …

Ich finde …

Ich lese …

Ich klicke an.

die Homepage

der Suchbegriff

das Suchfeld

die Suchmaschine

das Menü

der Treffer

der Link

Informationen im Internet suchen

1 👄 ✏️ Erzähle und nummeriere.

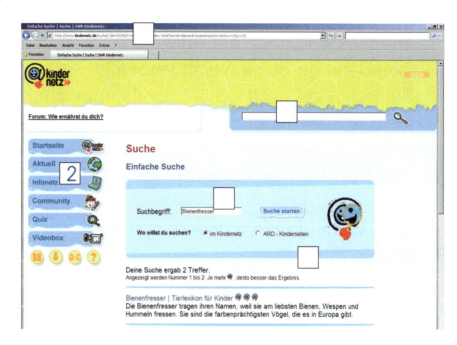

| 1 Suchbegriff | 2 Menü | 3 Suchfeld |

| 4 Adresse, Homepage | 5 Treffer |

2 👄 Erkläre, wie eine Internetsuche funktioniert.

132 Sprechen und Zuhören | zu anderen sprechen: informieren, Inhalte mit Fachbegriffen beschreiben (Recherche mit elektronischen Medien im Internet)

Informationen im Internet suchen

1 Erzähle.

der Elefant

die Fledermaus

die Giraffe

das Nashorn

der Rüssel

die Stoßzähne

die Flügel

die Flughaut

das gemusterte Fell

die Hörner

die runzelige Haut

die Schnauze

2 Wählt ein Tier aus.
Sucht Informationen im Internet.
Beantwortet dabei einige dieser Fragen.
Notiert auf Karten.

- Name — Wie heißt das Tier?
- Lebensraum — Wo lebt das Tier?
- Aussehen — Wie sieht das Tier aus?
- Größe/Gewicht — Wie groß und wie schwer ist das Tier?
- Nahrung — Was frisst das Tier?
- Besonderheiten — Gibt es Besonderheiten?

Name:
Giraffe

Lebensraum:
- Grassteppe
- Dornbuschsteppe
- Savanne
-

Aussehen:
-

3 Berichtet in der Klasse von eurer Recherche.

Informationen sammeln

1 👁 👄 Lies den Text und erzähle.

B Spitzmaul-Nashorn

Spitzmaul-Nashörner gehören zu den größten Landsäugetieren. Das Spitzmaul-Nashorn hat seinen Namen von der fingerförmigen, spitzen Oberlippe. Mit ihr greifen die Nashörner Blätter von Büschen oder Bäumen und rupfen sie ab. Gras dagegen lassen sie stehen. Wichtig für die Nashörner sind auch die Wasserstellen zum Trinken. Sie leben ausschließlich in Afrika.
Dort halten sie sich überwiegend in der Dornbusch-Savanne oder an Waldrändern auf.
Sie können bis zu 3,75 m lang werden und wiegen bis zu 1500 kg. Mit ihren kurzen, dicken Beinen sind sie schnelle Läufer. Die wichtigsten Erkennungsmerkmale sind die beiden Hörner auf der Nase. Das vordere Horn ist etwas länger als das hintere. Die Haut der Spitzmaul-Nashörner ist sehr dick. Spitzmaul-Nashörner können gut hören und riechen, aber schlecht sehen. Weltweit gibt es heute noch fünf Nashorn-Arten.

2 ✏ Welche Oberbegriffe gehören zu den farbigen Markierungen? Male passend an.

| Name | Lebensraum | Größe/Gewicht |

| Nahrung | Besonderheiten | Aussehen |

3 ✏ Erklärt, was beim Markieren wichtig ist. 👥

Informationen ordnen

1 👁 Lies die Stichwörter.

> Im Steckbrief verwende ich Stichwörter und beachte die Reihenfolge.

das Spitzmaul-Nashorn
Name
Spitzmaul-Nashorn • Name von der fingerförmigen, spitzen Oberlippe

das Spitzmaul-Nashorn
Größe
• bis zu 3,75 m lang • bis zu 1500 kg schwer

das Spitzmaul-Nashorn
Lebensraum
• ausschließlich in Afrika • •

das Spitzmaul-Nashorn
Nahrung
• Blätter von Büschen und Bäumen

das Spitzmaul-Nashorn
Aussehen
• kurze, dicke Beine • •

das Spitzmaul-Nashorn
Besonderheiten
• • •

2 ✏ Ergänze die Karten aus **1**. Seite 134 hilft dir.

Einen Steckbrief schreiben

1 ✎ Schreibe einen Steckbrief über das Spitzmaul-Nashorn.

Name: _____

Lebensraum: _____
_____
_____

Größe: _____

Nahrung: _____
_____

Aussehen: _____
_____
_____

Besonderheiten: _____
_____
_____

S. 17 **2** Nimm deinen Steckbrief unter die Lupe.

Informationen präsentieren

1 👄 Erzähle.

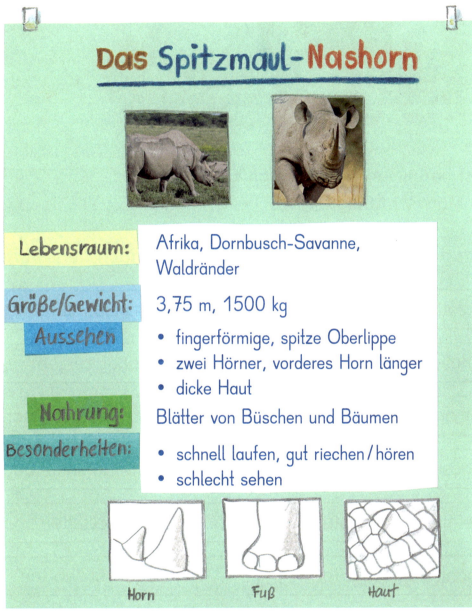

 Wer klebt?

 Pass auf! Das wird sonst schief.

 Wir müssen die Bilder zuerst einmal hinlegen.

2 Was musst du bei der Erstellung eines Plakates beachten?

Mein Plakat-Tipp: Informationen auswählen, Platz einteilen, Texte und Bilder aufkleben, richtig schreiben.

S. 18

3 Erstelle ein Plakat über ein Tier. Du kannst den PC nutzen.

S. 13

4 👄 Präsentiere dein Plakat.

S. 18

Einen Vortrag halten

1 🗣 Erzähle.

2 ✏ Was ist bei einem Vortrag wichtig?
Ordnet zu. Markiert farbig. 👥

vor dem Vortrag	während des Vortrags	nach dem Vortrag

vor dem Vortrag	während des Vortrags
Spickzettel schreiben	laut und deutlich sprechen
Informationen suchen	am Plakat zeigen
Zuhörer anschauen	langsam sprechen, Pausen machen
Einleitungssatz aufschreiben	Schlusssatz aufschreiben
Rückmeldungen einholen	Plakat herstellen
Verständnisfragen stellen	auf Fragen antworten
Vortrag üben	etwas zum Anschauen mitbringen

3 Was ist bei einem Spickzettel wichtig? Erklärt. 👥

> Auf einem Spickzettel stehen die wichtigsten Informationen in Stichwörtern.

S. 18 **4** ✏ Schreibe einen Spickzettel zu deinem Tier.

5 Übe deinen Vortrag. 👥

138   Texte verfassen   Texte präsentieren: Lernergebnisse geordnet festhalten (Spickzettel); funktionsangemessen sprechen: informieren   > Spickzettel, KH S. 18 > Vortrag halten, KH S. 18 > Rückmeldung geben, KH S. 14

Satzglieder umstellen

1 ✏️ Bilde aus den Satzgliedern einen Satz. Schreibe ihn auf.

> recherchiert | über Lieblingstiere | Die Klasse 3c | .

2 ✏️ Stelle den Satz aus **1** einmal um.

3 👁️ ✏️ Lies. Stelle jeden Satz einmal um.

> Rico | sucht | im Internet | nach Informationen | .

> Nele | findet | etwas | in einem Lexikon | .

Nach dem Prädikat frage ich mit „Was tut"?

4 ✏️ Unterstreiche in allen Sätzen das Prädikat rot.

Satzglieder bestimmen (Subjekt)

1 👁 Lies die Sätze. Was fällt dir auf?

> Rieke | erklärt | ihr Plakat | in der zweiten Stunde | vor der Klasse |.
>
> Rieke | erklärt | ihr Plakat | in der zweiten Stunde |.
>
> Rieke | erklärt | ihr Plakat |.
>
> Rieke | erklärt |.

2 ✏ Unterstreiche das Prädikat im letzten Satz aus **1** ?

Was bleibt übrig? _____

Mit den Fragewörtern **Wer/Was** und dem **Prädikat**
kannst du das **Subjekt** erfragen.
Rieke erklärt – Wer/Was erklärt? Rieke

---

3 ✏ Erfrage in den Sätzen unten
mit dem Prädikat das Subjekt. 👥
Unterstreiche das Subjekt in **3** blau.
Frage so:
Jamal liest in einem Buch über Wölfe.
Wer/Was liest? Jamal

Ein vollständiger Satz hat immer Subjekt und Prädikat.

> Jamal | sammelt | Stichwörter zum Thema Nahrung |.
>
> Lennox | zeigt | Lisa | eine gute Seite | im Kindernetz |.
>
> Aus Versehen | zerschneidet | Ronja | ihr Bild |.
>
> Über die Anordnung der Bilder | streitet | eine Gruppe |.

Satzglieder bestimmen (Subjekt und Prädikat)

1 ✎ Erfrage das Prädikat und das Subjekt. Unterstreiche.

> Prädikat: Was tut?
> Subjekt: Wer/Was?

| Jens | liest | in einem Buch über Insekten | . |

Was tut Jens?   **Er liest.**

Wer/Was liest?   **Jens**

| Auf Karten | notiert | er | die wichtigsten Informationen | . |

Was tut er?

Wer/Was notiert?

| Jens | beachtet | die Oberbegriffe | . |

Was tut Jens?

Wer/Was beachtet?

| Auf jede Karte | schreibt | er | einen Begriff in der richtigen Farbe | . |

Was tut er?

Wer/Was schreibt?

Sprache untersuchen | sprachliche Begriffe/Strukturen kennen: Satzglieder (Prädikat, Subjekt) kennen

Angaben im Satz kennenlernen (Ort)

1 ✏ Erfrage das Prädikat und das Subjekt. Unterstreiche.

Lisa | übt | im Gruppenraum | .

Lisa | kommt | aus der Klasse | .

Lisa | geht | auf den Schulhof | .

2 🔗 Verbinde mit der richtigen Frage.

Lisa | übt | im Gruppenraum | .

Lisa | kommt | aus der Klasse | .

Lisa | geht | auf den Schulhof | .

Woher kommt Lisa?

Wo übt Lisa?

Wohin geht Lisa?

Mit den Fragewörtern **Wo? Woher? Wohin?** wird die **Ortsangabe** in einem Satz erfragt.

3 ✏ 🔗 Markiere die Ortsangabe orange. Verbinde mit dem Fragewort.

Nils | hält | seinen Vortrag | im Forum | .

Olivia | holt | ihren Spickzettel | aus dem Ranzen | .

Frau Stein | geht | in den Nebenraum | .

Woher?

Wo?

Wohin?

4 ✏ Erfrage alle Satzglieder. Unterstreiche.

Der Papagei | fliegt | auf den höchsten Baum | .

Stechmücken | leben | in Feuchtgebieten | .

Im Regenwald | leben | rote Ameisen | .

Angaben im Satz kennenlernen (Ort)

1 Erfrage in jedem Satz die Ortsangabe.
Verbinde mit dem richtigen Fragewort.

Die Flamingos | stehen | im See | .

Der Delfin | schwimmt | in das kleine Becken | .

Die Tiger | kommen | aus der Schlafbox | .

Woher?

Wo?

Wohin?

2 Erfrage die Satzglieder.
Unterstreiche.

Die Klasse 3a | geht | in den Zoo | .

Dort | zeichnen | die Kinder | .

Das Nilpferd | döst | im Wasser | .

Die Schlange | kriecht | aus ihrer Höhle | .

3 Verbinde.

Die Ameise	schläft	auf den Stein.
Die Fledermaus	kriecht	in der Höhle.
Die Schlange	krabbelt	aus dem Versteck.
Das Nilpferd	rennt	im Wasser.
Der Tiger	taucht	im Becken.
Der Delfin	schwimmt	durch die Steppe.

4 Schreibe die Sätze aus **3**.
Unterstreiche die Satzglieder.

Angaben im Satz kennenlernen (Zeit)

1 ✏ Unterstreiche Prädikat, Subjekt und Ortsangabe.

Der Emu | sitzt | seit drei Wochen | auf seinen Eiern | .

Giraffen | schlafen | dreißig Minuten | .

Fledermäuse | jagen | nachts | außerhalb ihrer Höhle | .

2 🔗 Verbinde mit der richtigen Frage.

Der Emu | brütet | seit drei Wochen | .   Wann jagen Fledermäuse?

Giraffen | schlafen | dreißig Minuten | .   Seit wann brütet der Emu?

Fledermäuse | jagen | nachts | .   Wie lange schlafen Giraffen?

> Mit den Fragewörtern **Wann? Seit wann? Wie lange?** wird die **Zeitangabe** in einem Satz erfragt.

3 ✏ 🔗 Markiere die Zeitangabe gelb. Verbinde mit dem Fragewort.

Nils | hält | seinen Vortrag | am Montag | .   Seit wann?

Olivia | fehlt | seit gestern | .   Wie lange?

Frau Stein | unterrichtet | sechs Stunden | .   Wann?

4 ✏ Erfrage alle Satzglieder. Unterstreiche.

Fledermäuse | schlafen | tagsüber in Höhlen | .

Zugvögel | fliegen | viele Stunden | .

Abends | fressen | die Flusspferde | am Ufer | .

Angaben im Satz kennenlernen (Zeit)

1 ✏️ ↪ Erfrage in jedem Satz die Zeitangabe.
Verbinde mit dem richtigen Fragewort.

Heute | ist | die Klasse 3a | im Zoo | .   **Wie lange?**

Die Kinder | gehen | eine Stunde | in die Zooschule | .   **Wann?**

Ina | sitzt | seit 10 Minuten | vor dem Haifischbecken | .   **Seit wann?**

2 ✏️ Erfrage die Satzglieder. Unterstreiche.

Um drei Uhr | fressen | die Fische | .

Niko | sitzt | seit 10 Minuten | vor dem Käfig | .

Die Klasse 3a | bleibt | den ganzen Tag | im Zoo | .

3 ↪ Verbinde.

Der Bär	arbeitet	seit einer Stunde.
Der Löwe	frisst	den ganzen Tag.
Der Pfleger	schläft	morgens.
Der Tiger	putzt sich	heute.

4 ✏️ Schreibe die Sätze aus **3**.

Rechtschreibstrategien anwenden

1 👄 Erzähle.

> Elefantenkälber fressen
> noch kein Heu. In den Nächten
> fliegen die Eulen lautlos
> durch die Wälder. Jäger kennen
> die Futterplätze der Tiere genau.
> Mit lauten Geräuschen flitzen
> die Affen durch das Blätterdach.
> Viele Tiere täuschen ihre Feinde
> durch gute Tarnung.

2 ✏ Markiere Wörter in ①, die über den Rand geschrieben wurden.

3 ✏ Schreibe alle Wörter, die über den Rand geschrieben wurden, in Silben auf.

> Näch-ten,

4 ✏ Zeichne in den Satz Silbenbögen ein.

Am Zeilenende kann man nach Silben trennen.

Die Tatzen der Katzen kratzen Kratzer in Matratzen.

Fiese Fliegen fliegen hinter lieben Fliegen.

5 ✏ Markiere im Text von ① die Aufpass-Stellen **ä** und **äu**.

Richtig schreiben — rechtschriftliche Kenntnisse anwenden: Silbentrennung am Zeilenende beachten; Rechtschreibstrategien anwenden: Ableiten

Fremdwörter merken

1 Lies und verbinde.

die Box	große Pracht, Verschwendung
flexibel	Wörterbuch
der Jux	Schachtel
das Lexikon	biegsam, beweglich
der Luxus	zusammenhängende Sätze
der Text	Scherz, Spaß

2 Vergleicht.

3 Sortiere die Wörter nach dem Abc.

Baby   Xylofon   Hobby   Symbol

1. _____ 2. _____ 3. _____ 4. _____

4 Markiere den zweiten Buchstaben. Sortiere nach dem Abc.

S. 20

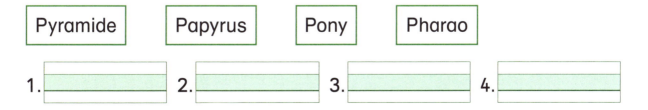

Pyramide   Papyrus   Pony   Pharao

1. _____ 2. _____ 3. _____ 4. _____

5 Übe die Merkwörter dieser Seite.

Satzglieder kennen

1 ⇨ Verbinde die Satzglieder mit der passenden Frage.

Prädikat	Wer/Was tut etwas?
Subjekt	Wann? Wie lange? Seit wann?
Ortsangabe	Was tut?
Zeitangabe	Wo? Woher? Wohin?

2 ✎ Erfrage in den Sätzen alle Satzglieder.
Schreibe das Fragewort dazu.

Deniz und Enes | gehen | heute Nachmittag | in den Zoo .

Wer?   *Wann?*

Seit zwei Tagen | brütet | ein Storchenpaar | auf der Scheune .

Das Kaninchen | hoppelt | am Abend | in den Stall .

Die Ente und ihre Küken | kommen | aus dem Teich .

Der Tierpfleger | schlendert | abends | nach Hause.

3 ✎ Unterstreiche in den Sätzen aus **2** alle Satzglieder farbig.

148 | Sprache untersuchen | sprachliche Begriffe/Strukturen kennen und anwenden: Satzglieder (Prädikat, Subjekt) kennen

Fremdwörter merken

1 ✏ Schreibe die Wörter mit **X/x** im Spinnennetz auf.

| Box | Jux | Mixer | Text | Taxi | Lexikon |

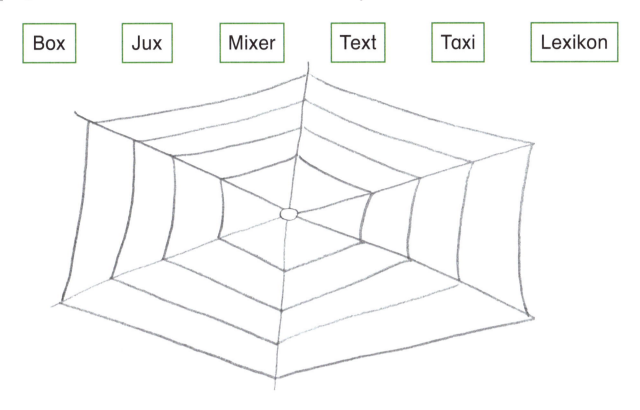

2 ✏ Schreibe die Wörter mit **Y/y** im Spinnennetz auf.

| Ypsilon | Pyramide | Symbol | Hymne | System | Papyrus |

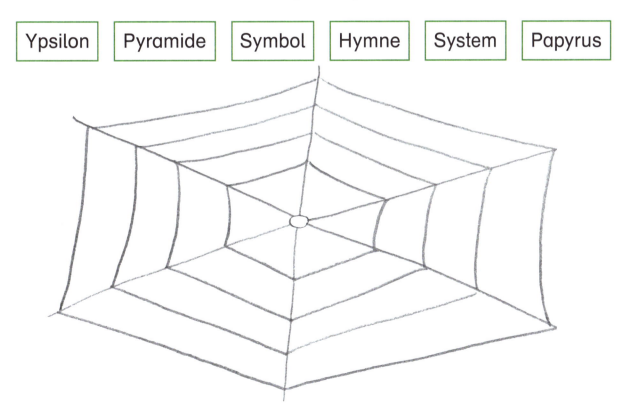

Sternenforscher-Seiten

1 👄 Erzähle.

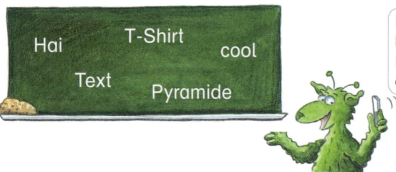

Manche Wörter/Fremdwörter kannst du nicht erklären. Du musst sie üben und sie dir merken.

2 👁 Lies.
Verbinde mit dem passenden Stern.

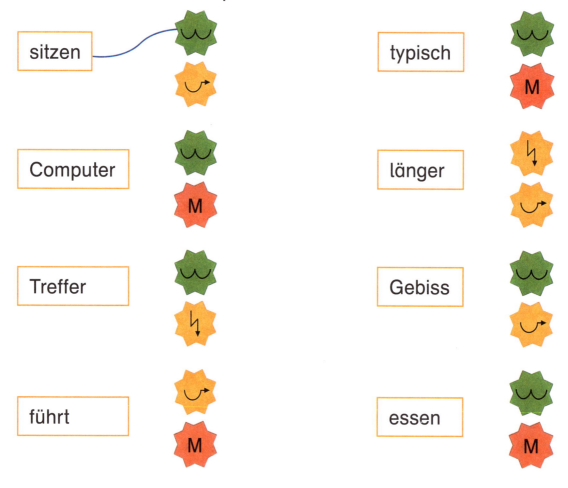

3 Führt ein Rechtschreibgespräch. 🗣🗣

S. 19

4 ✏ Schreibe die Wörter aus **2** als
☐ Abschreibwörter ☐ Schleichdiktat ☐ Partnerdiktat.

S. 20

Sternenforscher-Seite | Rechtschreibstrategien anwenden: Mitsprechen, Weiterschwingen, Merken | > Rechtschreibgespräch, KH S. 19

1. 👁 Lies.

Sami und Jan arbeiten an einem Vortrag. Sie sammeln Stichwörter und notieren je einen Oberbegriff auf kleine Zettel. Jan schreibt über die Babys der Hyänen. Sie bleiben ein Jahr in der Höhle.

2. Führt ein Rechtschreibgespräch.

3. ✏ Überprüfe die markierten Wörter. Wende den passenden Stern an.

Wort	✦	Beweis
arbeiten	✦	arbeiten
Vortrag		
Stichwörter		
notieren		
Oberbegriff		
schreibt		
Babys		
Jahr		
Höhle		

4. ✏ Schreibe die Wörter aus 1 als
☐ Abschreibwörter ☐ Schleichdiktat ☐ Partnerdiktat.

S. 20

Sternenforscher-Seite | Rechtschreibstrategien anwenden: Mitsprechen, Weiterschwingen, Merken | > Rechtschreibgespräch, KH S. 19

Ich sehe …

Ich denke …

das Baumhaus

das Abenteuer

das Geheimnis

das Zelt

Wir zelten.

das Lagerfeuer

Wir angeln.

das Meer

der See

das Boot

der Hochseilgarten

Wir klettern.

Ich klettere.

Ich balanciere.

Ich seile mich ab.

Bilder beschreiben und deuten

1. 👄 Erzähle.

2. 👄 Wähle ein Bild aus.
Beschreibe genau, was du siehst.

3. 👄 Was denkst du zu diesem Bild?
Erzähle.

Sprechen und Zuhören — zu anderen sprechen: erzählen, sprachliche Mittel verwenden (Wortschatz)

Zu einem Bild erzählen

1 Betrachte die Bilder.

2 👄 Erzähle eine Geschichte zu dem linken Bild.
Nutze den roten Faden. 👥

3 ✏️ Male ein Bild.
Denke dir dazu eine Geschichte aus.

4 ✏️👄 Notiere dir Stichwörter.
Lege einen roten Faden.
Erzähle deine Geschichte.

der Ausflug

die Familie

die Kinder

das Wetter

der Garten

Wir wandern.

der Strand

der Sand

die Wellen

der Sonnenschirm

Wir sonnen uns.

das Handtuch

die Handtücher

Sprechen und Zuhören — zu anderen sprechen: erzählen, nach Anregungen (Bilder, Stichwörter) eine Geschichte erzählen; an Wörtern arbeiten: Wörter ordnen (Stichwörter, roter Faden) — > Rückmeldung geben, KH S. 14

Schreibimpulse nutzen

1 Beschreibe genau, was du siehst.

2 ✏ Schreibe auf, was du siehst.

Ich sehe

3 Vergleicht und ergänzt.   Ich sehe …

Schreibimpulse nutzen

1 ✏️ Schreibe auf, was du denkst, wenn du das Bild auf Seite 154 betrachtest.

Ich denke, dass

2 Vergleicht.

Zu einem Bild schreiben

1 👄 Erzähle.

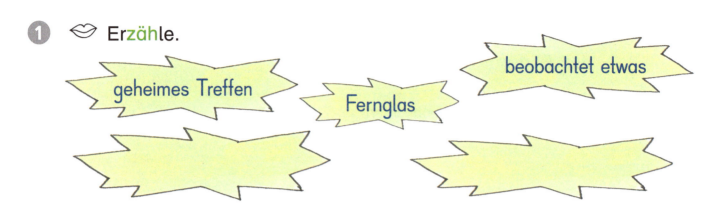

geheimes Treffen   Fernglas   beobachtet etwas

2 ✏ Fülle mit deinen Gedanken zum Bild von S. 155 den Schreibplan aus.

Schreibidee:	
Einleitungssatz:	
Was nun?	
Was nun?	
Was nun?	
Ende	

3 Stelle deinen Schreibplan einem Partnerkind vor. 👥
   Beratet euch gegenseitig.

4 ✏ Schreibe deine Geschichte mithilfe des Schreibplans.

156 Texte verfassen | Texte planen: Schreibideen sammeln (Ideenblitze), mit dem Schreibplan arbeiten; Texte schreiben: nach Anregungen (Bild) eigene Texte (Geschichte) schreiben | > Schreibplan, KH S. 15
> Textlupen, KH S. 17

Einen Text überarbeiten

1 👁 Lies den Text. Was fällt dir auf?

Das verlorene Pony

Der Reitstall ~~plant~~ *plante* mit allen Kindern einen Ausritt.

Alle sattelten ihr Pony. Die Reitlehrerin sagt: „Zieht den Sattelgurt gut fest." Sie geht herum und hilft. Martin sattelt sein Pony ganz alleine. Schon geht es los. Die Gruppe ritt in einer langen Reihe hintereinander.

Martin reitet als Letzter. Plötzlich rutscht er zur Seite. Der Sattelgurt ist anscheinend doch locker. Er stieg ab. Martin öffnet den Gurt. Da wird das Pony unruhig. Der Junge schafft es nicht, den Gurt zu befestigen.

Da läuft das Pony plötzlich los und warf ihn um …

2 Welche Lupe wurde nicht beachtet?

Denke daran: Texte sollen in nur einer Zeitform geschrieben sein.

3 ✏ Überarbeite die Verben mit der Textlupe. Korrigiere.

4 ✏ Denke dir einen passenden Schluss aus.

Texte verfassen | Texte überarbeiten: Texte in Bezug auf die äußere Gestaltung überarbeiten (Zeitform), über die Wirkung der Textentwürfe beraten | > Textlupen, KH S. 17 | **157**

Verben in verschiedenen Zeitformen bilden

1 👄 Erzähle.

Opa, erzähl doch mal von früher. Was habt ihr gespielt?

Das mache ich gerne, Kinder. Also …

Ich möchte darüber einen Artikel in der Schülerzeitung schreiben.

2 👁 Lies Opas Erzählung.

So haben wir früher gespielt:
Wir haben fast immer draußen gespielt.
Dort haben sich alle Kinder getroffen.
Wir haben mit Murmeln und Drehkreiseln gespielt.

3 👁 ✏ Lies den Text für die Schülerzeitung.
Unterstreiche die Verben.

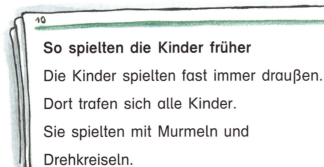

So spielten die Kinder früher
Die Kinder spielten fast immer draußen.
Dort trafen sich alle Kinder.
Sie spielten mit Murmeln und Drehkreiseln.

4 Vergleiche die unterstrichenen Verben aus **2** und **3**.
Was fällt dir auf?

Verben können in verschiedenen Zeitformen stehen.
Wenn man etwas von früher **schreibt**, benutzt man das **Präteritum**.
Ich spielte. Ich sprang.
Wenn man etwas von früher **erzählt**, benutzt man das **Perfekt**.
Ich habe gespielt. Ich bin gesprungen.

Verben beugen

1 👄 Erzähle. Was fällt dir auf?

Ich lese gerade ein Buch.

Ich habe dieses Buch gelesen.

Ich las das Buch.

2 ✏ Welche Verben gehören zusammen? Markiere farbig.

Ich male.	Ihr gingt.	Ihr seid gegangen.	Ich habe gemalt.
Ich malte.	Du hast geschlafen.	Wir liefen.	Wir laufen.
Du schliefst.	Ihr geht.	Du schläfst.	Wir sind gelaufen.

3 ✏ Ordne die Verben der richtigen Zeitform zu.

Präsens:	Präteritum:	Perfekt:
Ich male.	Ich malte.	Ich habe gemalt.

Das **Perfekt** ist eine Zeitform des Verbs.
Es wird mit den Hilfsverben **sein** oder **haben** gebildet.
Ich bin gelaufen. Ich habe gespielt.

Verben beugen

1 ✏ Trage die Verbformen im Präsens ein.

sein		haben	
ich	bin	ich	habe
du		du	
er, sie, es		er, sie, es	
wir		wir	
ihr		ihr	
sie		sie	

2 ✏ Trage die richtige Verbform ein.

Ich	bin	krank.	Ich	habe	Hunger.
Du		müde.	Du		Durst.
Er		hungrig.	Er		Bauchweh.
Wir		satt.	Wir		Angst.
Ihr		unterwegs.	Ihr		frei.
Sie		zu Hause.	Sie		Urlaub.

Verben in verschiedenen Zeitformen anwenden

1 ✏ Schreibe die Verben in der ich-Form im Perfekt in die Tabelle. Was fällt dir auf?

| gehen | träumen | hüpfen | schlafen |
| springen | rennen | hören | schreiben |

sein	haben
ich bin gegangen	ich habe

2 ✏ Opa erklärt Hüpfekästchen. Setze die Verbformen im Perfekt ein.

> Alle Verben der Bewegung werden mit **sein** gebildet.

| malen | legen | hüpfen | schubsen | springen |

Wir **haben** ein Hüpffeld **gemalt**.

Wir _____ einen Stein auf das 1. Feld _____ .

Wir _____ auf einem Bein _____ .

Mit dem Fuß _____ wir den Stein _____ .

Wir _____ von Feld zu Feld _____ .

Verben in verschiedenen Zeitformen anwenden

1 👁 ✏ Lies die Sätze. Markiere die Verben.

> Lisa springt Gummitwist im Hof.
> Oma kauft Gemüse beim Bauern.
> Frau Schmitz besucht ein Museum.
> Maxi rast mit dem Fahrrad nach Hause.
> Benno füttert seinen Hund.

2 ✏ In welcher Zeitform ist der Text geschrieben? Kreuze an.

☐ Präsens ☐ Präteritum ☐ Perfekt

3 ✏ Schreibe die Sätze aus **1** ab.
Setze dabei die Verben ins Präteritum.

Lisa sprang

Wortarten wiederholen

1 ✏ Markiere im Text Nomen, Verben und Adjektive farbig. Vergleiche. 👥

> Justus fährt mit seiner kleinen Schwester zu seiner Oma. Sie verreisen ohne ihre Eltern. Die Zugfahrt macht große Freude. Im leeren Speisewagen essen sie Spagetti. Das schmeckt gut.

2 ✏ Schreibe alle Nomen aus **1** mit Artikel auf.

Justus, die Schwester,

3 ✏ Schreibe alle Verben aus **1** auf.

4 ✏ Schreibe die Adjektive aus **1** auf.

Sprache untersuchen | sprachliche Begriffe/Strukturen kennen und anwenden: Wortarten (Nomen, Adjektive, Artikel, Verben) wiederholen

Zusammengesetzte Nomen bilden

Man kann verschiedene Wortarten zu Nomen zusammensetzen.

1 Schreibe die zusammengesetzten Nomen auf.

Der Schuh aus Holz ist der Holzschuh.

Die Decke für das Bett ist die _____ .

Die Gabel für den Mist ist die _____ .

Die Stiche von Mücken sind die _____ .

2 Welche Wörter stecken in den zusammengesetzten Nomen?

das Schlaf|zimmer schlafen + das Zimmer

das Kauf|haus _____

das Lauf|rad _____

die Spül|maschine _____

3 Bilde zusammengesetzte Nomen.

schnitzen + das Messer das Schnitzmesser

essen + der Löffel _____

stricken + die Jacke _____

kühlen + der Schrank _____

Zusammengesetzte Nomen bilden

1 ✏ Schreibe zusammengesetzte Nomen auf.

der Arm, das Band, die Uhr	die Armbanduhr
die Hand, das Tuch, der Halter	der
das Haus, die Tür, der Schloss	das

2 ✏ Löse die Bilderrätsel.

Fußballschuh

3 ✏ Welche Wörter stecken in den zusammengesetzten Nomen?

Schreib|tisch|stuhl — schreiben + Tisch + Stuhl

Malkastenfarbe

Tiefseetaucher

Boxhandschuh

Nusseisbecher

Haustürklingel

Wörter weiterschwingen

1 👄 Erzähle.

2 ✏️ Zerlege die zusammengesetzten Wörter und schwinge weiter.

die Schwi**mm**kerze   — schwimmen, die Kerze

der Spi**ck**zettel

der Pu**tz**lappen

der Kra**tz**baum

der We**g**weiser

3 ✏️ Zerlege die zusammengesetzten Wörter und schwinge weiter.

der Zu**g**betrie**b**   — die Züge + die Betriebe

der Stran**d**kor**b**

das Flu**g**zeu**g**

das Kle**mm**bre**tt**

das Ber**g**wer**k**

Wörter mit ä merken

1 👄 Erzähle.

- Es gibt so viele Wörter mit ä. Die kann ich mir nicht alle merken.
- Das musst du auch nicht. Viele Wörter lassen sich ableiten.
- Du musst dir nur die Wörter merken, zu denen du kein verwandtes Wort mit a findest.

2 ✏ Welche Wörter gehören zusammen? Male an.

der Käfig	die Säge	das Fähnchen	er fällt
fallen	tragen	tanzen	der Bär	der Träger
die Tänzerin	die Zahl	fahren	sie zählt	du fährst
das Mädchen	das Märchen	der Käse	die Fahne
der Hahn	der Tänzer	das Hähnchen	zählen

3 ✏ Welche Merkwörter bleiben in **2** übrig? Schreibe auf.

der Käfig

4 ✏ Übe die Merkwörter dieser Seite als Partnerdiktat.

Wörter mit Doppelvokalen merken

1 👁 ✏ Lies die Nomen. Markiere.

SchneeKleeSeeTeeMeerBeereBeetTeerFeeIdee

2 ✏ Schreibe die Nomen aus der Wörterschlange aus **1** mit Artikel auf.

der Schnee,

3 👁 ✏ Schlage die Wörter nach. Schreibe auf. 📖

der Aal,

4 👁 ✏ Schlage die Wörter nach. Schreibe auf. 📖

Wörter mit **aa**, **ee** und **oo** muss ich mir merken.

das Moor,

5 👁 ✏ Schlage die Wörter nach. Schreibe auf. 📖

Gibt es auch Wörter mit **uu**?

die Beere,

6 ✏ Übe die Merkwörter dieser Seite als Partnerdiktat.

Hilfsverben beugen

1 ✏ Trage die Verbformen im Präteritum ein.

Pronomen	Präsens	Präteritum	Präsens	Präteritum
ich	bin	war	habe	hatte
du				
er, sie, es				
wir				
ihr	seid	wart		
sie				

2 ✏ Trage die richtige Verbform ein.

Heute	bin	ich krank.	Gestern war ich krank.
Es		Durst.	Gestern	es Durst.
Er		hier.	Gestern	er hier.
Wir		Angst.	Gestern	wir Angst.
Ihr		zu Hause.	Gestern	ihr zu Hause?
Sie		verabredet.	Gestern	sie verabredet.

Sternenforscher-Seiten

1 👄 Erzähle.

"Es gibt so viele Wörter. Die kann ich mir nicht alle merken."

"Das muss du auch nicht. Die meisten Wörter kannst du mitsprechen. Viele Wörter lassen sich ableiten oder weiterschwingen."

"Was übrig bleibt, sind Merkwörter. Aber wenn du unsicher bist, kannst du alle Wörter nachschlagen."

2 👁 Lies.
↪ Verbinde mit dem passenden Stern.

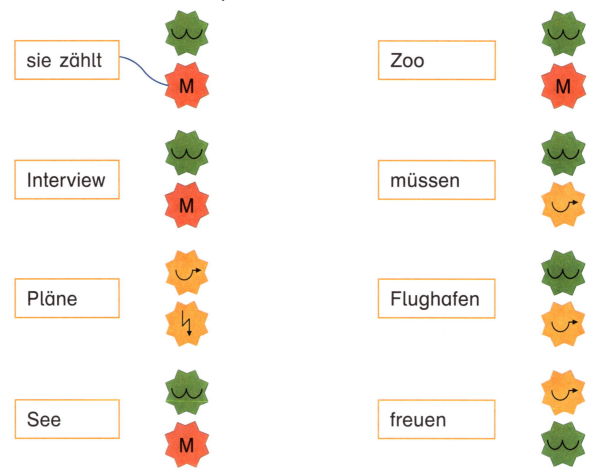

sie zählt

Interview

Pläne

See

Zoo

müssen

Flughafen

freuen

S. 19 **3** Führt ein Rechtschreibgespräch. 👥

S. 20 **4** ✏ Schreibe die Wörter aus **2** als
☐ Abschreibwörter ☐ Schleichdiktat ☐ Partnerdiktat.

Sternenforscher-Seite | Rechtschreibstrategien anwenden: Mitsprechen, Weiterschwingen, Merken | > Rechtschreibgespräch, KH S. 19

1 👁 Lies.

Alle sehnen den Beginn der Ferien herbei.
Eine Familie möchte gern im Strandkorb faulenzen.
Die Kinder wollen am Meer eine große Sandburg bauen.
Manche unternehmen nichts, weil die Eltern arbeiten müssen.
Diese Kinder gehen ins Schwimmbad oder treffen sich mit Freunden.
Langeweile gibt es nicht!

2 Führt ein Rechtschreibgespräch.

3 ✏ Überprüfe die markierten Wörter.

Wort	☆	Beweis
sehnen	M	sehnen
Beginn		
Strandkorb		
Meer		
Sandburg		
unternehmen		
Schwimmbad		
Langeweile		
gibt		

4 ✏ Schreibe die Wörter aus **1** als
☐ Abschreibwörter ☐ Schleichdiktat ☐ Partnerdiktat.

S. 20

Sternenforscher-Seite | Rechtschreibstrategien anwenden: Mitsprechen, Weiterschwingen, Merken | > Wörterliste, KH S. 2–11
> Merkwörter üben, KH S. 20
> Partnerdiktat, KH S. 20

Im Frühling

Zu Bildern erzählen

1. 👄 Erzähle.

Der Wettlauf

2. Was sagt der Igel, was sagt der Hase?

3. ✏️ Findet Stichwörter zu den Bildern.
   Schreibt sie auf Karten und legt sie auf einen roten Faden.

4. 👄 Erzählt die Geschichte mithilfe eures roten Fadens nach.

Sprechen und zuhören | zu anderen sprechen: erzählen, nach Anregungen (Bilder) eine Geschichte erzählen; an Wörtern arbeiten: Wörter ordnen (Stichwörter, roter Faden)

Ein Rollenspiel planen und spielen

1 Lies die Szenen und erzähle.

Szene	Wer?	Wo?	Was passiert?	Was wird gesprochen?	Requisiten/ Kostüme
1	Igel	Haus des Igels	Igel geht zu seinem Steckrübenfeld.	Igel reckt und streckt sich, bewundert das schöne Wetter, spricht zu sich selbst: Ich könnte mir mal mein Steckrübenfeld anschauen.	Igelmaske, Kulisse Haus (Tische, Stühle, Decken), Steckrübenfeld (großes Tuch)
2	Igel und Hase	Vor dem Steckrübenfeld	Sie schließen eine Wette ab.	...	...
3	Igel und Igelfrau	Haus des Igels	Igelfrau zieht sich so an wie ihr Mann.		
4	Hase und Igel	Am Anfang eines Ackers	Der Wettlauf beginnt. Igel läuft nur drei Schritte und versteckt sich in Furche.		
5	Hase und Igelfrau	Am Ende eines Ackers	Igelfrau ruft: Ich bin schon da!		
6	Igel und Igelfrau	Auf dem Weg nach Hause	Igel und Igelfrau gehen mit Taler und Flasche fröhlich nach Hause.		

Rollenspiel:
– Text lesen
– Rollen verteilen
– Szenen ausprobieren
– Szenen mit Gestik, Mimik und Stimme gestalten
– Requisiten und Kostüme besorgen

In einem Rollenspiel spiele ich eine andere Person.

2 Plant das Rollenspiel.

3 Spielt das Rollenspiel vor. Gebt euch Rückmeldung.

Sprechen und zuhören | zu anderen sprechen: sprecherische Mittel gezielt verwenden (Intonation, Körpersprache); szenisch spielen: sich in eine Rolle versetzen und sie gestalten | > Rückmeldung geben, KH S. 14

Im Sommer

Mit Adjektiven beschreiben

1. 👁 Lies den Text.

> Zusammengesetzte Adjektive in Geschichten sind supertoll!

> Max und Pia sind zwei <u>abenteuerlustige</u> Freunde.
> Pia ist <u>bärenstark</u> und Max kann <u>blitzschnell</u> denken.
> Zusammen lösen sie oft <u>geheimnisvolle</u> Rätsel.
> Sie entdecken vor ihrem Baumhaus <u>kreisrunde</u>
> Zeichen in einem Maisfeld.

2. ✏ Zerlege die Adjektive aus ①?

abenteuer|lustig — das Abenteuer + lustig

bären|stark — die Bären +

blitzschnell

geheimnisvoll

kreisrund

3. ✏ Bilde zusammengesetzte Adjektive.

| Feder + leicht | Watte + weich | Kugel + rund |

Feder + leicht = federleicht

174 Sprache untersuchen an Wörtern/Texten arbeiten: Möglichkeiten der Wortbildung kennen und nutzen (zusammengesetzte Adjektive)

Ein Gedicht untersuchen und gestalten

1 👁 Lest das Gedicht (Rondell).

2 Was fällt euch auf? 🗣

Ein Rondell ist ein Gedicht mit einem bestimmten Aufbau.

Sommer

1 Es ist warm und sommerlich.

2 Die Sonne strahlt goldgelb herab.

3 Watteweiche Wolken ziehen am Himmel.

4 Es ist warm und sommerlich.

5 Zuckersüße Kirschen reifen an den Bäumen.

6 Überall wachsen kunterbunte Blumen.

7 Es ist warm und sommerlich.

8 Die Sonne strahlt goldgelb herab.

Astrid Eichmeyer

3 👁 ✏ Lies. Unterstreiche einen Satz rot, einen Satz blau … Ergänze.

4 ✏ Nutze das **Brainstorming** für ein eigenes Rondell. 📓

5 Gestalte dein Gedicht. Du kannst den PC nutzen.

Kompetenzen

Kapitel	Sprechen und zuhören	Texte verfassen	Sprache untersuchen	Richtig schreiben
Medienspaß und Technikwunder	zu anderen sprechen: Sprechbeiträge für Gesprächssituationen situationsangemessen planen, Wirkung der Redeweise kennen und beachten, argumentieren – Gespräche situationsangemessen planen (Zustimmung/Ablehnung) – artikuliert und an der gesprochenen Standardsprache orientiert sprechen, Sprechbeiträge (Interview) situationsangemessen planen; Wörter sammeln: Placemat nutzen; Gespräche führen: die Bedeutung elektronischer Kommunikationsformen reflektieren – gemeinsam Anliegen diskutieren	sprachliche Mittel sammeln: Formulierungen (Interview-Fragen); Texte planen: Adressatenbezug klären; Texte präsentieren: Texte (Interview-Ergebnisse) für die Veröffentlichung aufbereiten (Balkendiagramm)	sprachliche Begriffe/Strukturen kennen und anwenden: Zeitstufen (Präteritum) des Verbs schreiben – wörtliche Rede und vorangestellten (Rede-)Begleitsatz kennenlernen; an Wörtern/Texten arbeiten: Möglichkeiten der Wortbildung kennen (Verbendungen) – Wörter sammeln (Wortfeld *sagen*)	rechtschriftliche Kenntnisse anwenden: Wörter mit s und ß schreiben; Rechtschreibstrategien anwenden: Weiterschwingen – Merken; Rechtschreibhilfen verwenden: mit der Wörterliste arbeiten (Wörter mit i)
Abenteuerlust und Heldentat	zu anderen sprechen: erzählen – Inhalte mit Fachbegriffen beschreiben (Merkmale von Märchen kennenlernen); Arbeitstechnik kennenlernen: Brainstorming nutzen; Gespräche führen: eigene Ideen einbringen und die Beiträge anderer aufgreifen (sich ein Reihum-Märchen erzählen)	Texte planen: Stichwörter sammeln, mit verschiedenen Methoden planen (roter Faden); Texte schreiben (Nacherzählung); Texte überarbeiten: Texte auf Verständlichkeit und Wirkung überprüfen; Arbeitstechniken nutzen: Texte auf ihre Richtigkeit überprüfen (Textlupen)	sprachliche Begriffe/Strukturen kennen und anwenden: Satzglieder kennen – Satzglieder kennenlernen (Prädikat) – Satzschlusszeichen und Satzarten (Aussage(Frage/Ausruf) kennen – wörtliche Rede, vorangestellten (Rede-)Begleitsatz kennen; an Sätzen arbeiten: sprachliche Operationen nutzen (umstellen); Wörter sammeln (Adjektive im Redebegleitsatz)	rechtschriftliche Kenntnisse anwenden: unregelmäßige Verben im Präteritum schreiben; Rechtschreibstrategien anwenden: Weiterschwingen – Merken; rechtschreibwichtige Wörter kennen: Wörter mit ai schreiben
Dickhäuter und Plagegeister	zu anderen sprechen: informieren, Inhalte mir Fachbegriffen beschreiben (Recherche mit elektronischen Medien im Internet, Informationen zu Tieren) – Sachverhalte durch Medien gestützt zusammentragen	Texte planen: Verwendungszusammenhänge (Markieren) klären, Informationen zu Oberbegriffen sammeln – Schreibsituation und Adressatenbezug klären, Texte mit verschiedenen Methoden planen; Texte schreiben: Text (Steckbrief) schreiben; Texte präsentieren: Texte mit Schrift gestalten (ein Plakat erstellen) – Lernergebnisse geordnet festhalten (Spickzettel); über Schreibfertigkeiten verfügen: den PC für die Textgestaltung nutzen; funktionsangemessen sprechen: informieren	sprachliche Begriffe/Strukturen kennen und anwenden: Satzglieder (Prädikat) kennen – Satzglieder (Subjekt/Ort-/Zeitangabe) kennenlernen; an Sätzen arbeiten: sprachliche Operationen nutzen (umstellen/ergänzen)	rechtschriftliche Kenntnisse anwenden: Silbentrennung am Zeilenende beachten; Rechtschreibstrategien anwenden: Ableiten – Merken; Rechtschreibhilfen verwenden: mit der Wörterliste arbeiten (Fremdwörter)
Tagträume und Zeitreisen	zu anderen sprechen: erzählen, sprachliche Mittel verwenden (Wortschatz) – nach Anregungen (Bilder, Stichwörter) eine Geschichte erzählen; an Wörtern arbeiten: Wörter ordnen (Stichwörter, roter Faden)	Texte planen: Schreibideen entwickeln/sammeln (Ideenblitze) – mit dem Schreibplan arbeiten; Texte schreiben: nach Anregungen (Bild) ein Bild beschreiben (deuten); eigene Texte (Geschichte) schreiben; Texte überarbeiten: Texte in Bezug auf die äußere Gestaltung überarbeiten (Zeitform), über die Wirkung der Textentwürfe beraten	sprachliche Begriffe/Strukturen kennen und anwenden: Präteritum, Perfekt kennen – Präteritum, Perfekt (Hilfsverben *haben, sein*) kennenlernen – Präsens, Präteritum, Perfekt schreiben – Wortarten (Nomen, Adjektive, Artikel, Verben) wiederholen – zusammengesetzte Nomen (N/N, N/V, N/V/A) kennen; an Wörtern/Sätzen arbeiten: Zeitstufen des Verbs, Erzähl- und Schreibzeit unterscheiden – Möglichkeiten der Wortbildung kennen (Zeitstufen)	rechtschriftliche Kenntnisse anwenden: zusammengesetzte Nomen mit Aus- und Inlautverhärtung schreiben – Nomen mit ö und Doppelvokal schreiben; Rechtschreibstrategien anwenden: Weiterschwingen – Ableiten – Merken
Im Frühling Im Sommer	zu anderen sprechen: erzählen, nach Anregungen (Bilder) eine Geschichte erzählen – sprecherische Mittel gezielt verwenden (Intonation, Körpersprache); an Wörtern arbeiten: Wörter ordnen (Stichwörter, roter Faden); szenisch spielen: sich in eine Rolle hineinversetzen und sie gestalten	Texte planen: sprachliche und gestalterische Mittel und Ideen sammeln; Texte schreiben: nach Mustern schreiben (Rondell); Arbeitstechnik kennen: Brainstorming nutzen	an Wörtern/Texten arbeiten: zusammengesetzte Adjektive schreiben; Möglichkeiten der Wortbildung kennen und nutzen (zusammengesetzte Adjektive)	